Retorno al tiempo 0
El humano conectado

CRISTINA ACEBRÓN GUIRAU

KOLIMA
BOOKS

Título original: *Retorno al tiempo 0. El humano conectado*

Primera edición: Octubre 2017
© 2017   Editorial Kolima, Madrid
www.editorialkolima.com

Autor: Cristina Acebrón Guirau
Dirección editorial: Marta Prieto Asirón
Maquetación de cubierta: Sergio Santos
Maquetación: Rocío Aguilar Bermúdez, Carolina Hernández Alarcón

ISBN: 978-84-16994-42-7

ÍNDICE

1ª PARTE. Retorno al tiempo 0 . . . . **5**

1. Introducción 7

2. El Grupo de los Nueve 19

3. Sobre la Creación 23

4. ¿De dónde vienen las almas? 29

6. ¿Son tuyas tus creencias? 43

7. Cuando lo que conoces
ya no te sirve 53

8. Qué es la Energía de Conversión a Tiempo 0 . . . 55

9. Sesiones de energía para ti y para otros 63

10. Sellos Nahisa 71

11. Mantras Tildium 81

12. Proceso de liberación de energías negativas
o densas 87

13. Estudio de energía con voluntarios 93

2ª PARTE. El humano conectado **111**

1. Introducción 113

2. Lirium Novis 115

3. Por qué es importante canalizar 121

4. Comprendiendo el arte de canalizar 123

5. Diferentes guías y el guía evolutivo 125

6. Conectando con tu guía evolutivo 127

7. Qué te aporta y cuál es su propósito 129

8. Primera fase: tu propio proceso 131

9. Segunda fase: canalizando para otras personas 135

10. Canalizando información universal 139

11. A través de tus sueños 141

12. Shakiel y su manual para canalizar 147

13. Oráculo de Uriel y Shakiel 159

14. Reflexiones finales 219

1ª PARTE
Retorno al tiempo 0

1. INTRODUCCIÓN

Este libro es parte de un proyecto que surgió de la necesidad de cambiar, de mejorar y de llegar a cotas más elevadas de mí misma. Con esta entrega deseo que te introduzcas de lleno en la aventura que implica desaprender para después abrazar un nuevo y diferente camino, el camino que te transportará más allá de tu percepción y mucho más cerca del corazón. ¿Quieres iniciarlo conmigo? Comencemos.

¿Quién soy yo?

Esta es la pregunta más importante, la que te lleva de vuelta al Todo al que perteneces, del que procedes y al que al final volverás.

Esta es la pregunta que cada día me hacía a mí misma, sintiendo que necesitaba orientación. Decidí entrar en meditación. Usé la «Luz del Creador»[1] para aclarar mi mente y enseguida me inundó una hermosa luz blanca que paulatinamente calmaba mis preguntas internas. Poco a poco fueron surgiendo sentimientos y sensaciones que se traducían en ideas. Al final parecía que todo cobraba un sentido nuevo, y al mismo tiempo, un completo sinsentido.

Quiero compartir contigo este recorrido de «retorno al hogar». Espero que te inspire, al igual que a mí, una nueva concepción de ti mismo.

---

1   Puedes consultar la herramienta en: http://www.pasandoarena.com/zona-gratuita/meditacion/

Tanta información atesorada a lo largo de los años sobre Dios, la Luz, el Espíritu, el Yo Superior, el alma… y, al final, ¿qué me quedaba? Lo único que se mantenía imperecedero en mí era la duda constante sobre todo. Al fin y al cabo, quién dice que eso sea así. Nadie tiene la razón absoluta, no sobre algo tan inmenso como el alma, el ser o quiénes somos.

Parecía que todo mi estudio me había llevado a donde estaba ahora, justo ahí, al principio. Pero esta vez podía recomenzar desde el inicio, con las preguntas mentales ya estudiadas y las respuestas de otros ya aprendidas. Y finalmente partir de cero, desechando todo lo que ya conocía. Tomé la decisión de no dejarme guiar por las respuestas de otros, sino simplemente seguir la sabiduría de mi propio corazón.

Si algo aprendí de las creencias es que nos atan. Incluso al más sabio lo retienen, no le permiten aprender algo nuevo, pues es seguro que lo nuevo tenderá a romper algún viejo esquema adquirido. No digo que lo nuevo sea mejor que lo antiguo, pero sí hablo de buscar la evolución de uno mismo. Puedes explorar una nueva interpretación de ti mismo, de tu mundo, de tus ideas, de todo lo que has leído alguna vez.

¿Por qué no? ¿Qué hay de malo en revisar lo que hasta ahora pensabas? Ya el hecho mismo de calificarlo como «bueno» o «malo» es una creencia, así que te propongo algo: ¿qué tal si reúnes todas tus fuerzas internas y las diriges al corazón?

Ahí no hay engaño, sino aceptación y plenitud. Hay consciencia de uno mismo y alegría por ser. ¿Quieres probar conmigo y sentir una partícula de ti?

Entonces cierra suavemente los ojos y observa tu corazón como si fuese un ser vivo aparte de ti, como si fuese un acompañante muy querido y apreciado. Siente el regocijo del reconocimiento mutuo, de alguien que esperaba tu visita desde hace mucho tiempo. Alguien que te echaba de menos, que te admira y ama profundamente, que no te juzga, que no te pide nada, que te comprende completamente y te completa.

Deja que te inunde ese sentimiento de plenitud. No falta nada, no hay que hacer nada, todo es perfecto, y ni siquiera son necesarias las palabras. Ya no hay partes de ti, simplemente Eres.

Este libro es especial porque gran parte está escrito por el Grupo de los Nueve, lo que significa que no será tan solo Cristina la que hable, sino este maravilloso grupo de conciencias evolutivas que han venido a colaborar en el crecimiento y el despertar de la Humanidad. En ocasiones hablarán como una sola voz y en otras se presentarán individualmente.

El «tercer lenguaje» está presente en todo el libro. Esto significa que, más allá de las palabras, existe una energía que lo sustenta y que llegará a ti a través del entendimiento del corazón. Leerás un párrafo y quizá te resulte difícil de entender, y sin embargo, al pasar unos días lo leerás de nuevo y encontrarás un significado profundo que antes no te habías planteado. Esa es la manera en la que trabaja el «tercer lenguaje»: no es a través de la lógica, sino de la energía subyacente que habita en él.

Este lenguaje aporta comprensión cuando lo lees varias veces. Al inicio es normal que no obtengas todo el mensaje; las palabras parecen que carecen de un sentido global. Pero si lo relees, se abrirá para ti el significado completo, y como por arte de magia, integrarás esa verdad en tu interior. La verdad no son solo palabras, sino que es una mezcla de sensaciones.

Antes de comenzar quiero presentarte algunos estudios que se están realizando en el mundo científico para que compruebes por ti mismo las implicaciones reales de la telepatía, las cualidades escondidas del cuerpo humano y la naturaleza de la existencia.

Si revisas tus creencias sobre la Ciencia, la Historia y la Religión, encontrarás que se rompen los grandes pilares que asentaban tu vida. Me gustaría que lo tuvieras en cuenta, y que revisaras conmigo algunos datos sobre esos pilares.

Para ello quiero comenzar citando un extracto de la charla *No More Secrets* del Dr. Michael Persinger, neurólogo cognitivo, profesor universitario e investigador estadounidense que actualmente desarrolla su trabajo en la Universidad Laurenciana de Sudbury, Ontario.

En esta charla habla de la percepción extrasensorial y de la visión remota. El Dr. Persinger ha llevado a cabo durante años diferentes experimentos sobre el campo electromagnético del cuerpo humano. En ellos demuestra cómo es posible inducir estados o creencias en el cerebro que después pueden llegar a interpretarse como eventos religiosos o como apariciones dependiendo de la cultura que tenga el experimentador[2].

—¿Qué pasaría si un nuevo tipo de tecnología te permitiera tener acceso al cerebro de cualquier persona?

—La respuesta es: no más secretos.

—¿Qué significaría tener acceso a la información de cualquier cerebro en este planeta?

—El conocimiento es poder.

»El control de las masas se basa en unos cuantos individuos que cuentan con información discreta que la mayoría de la población ignora, ventajas económicas que derivan de la propiedad de la información. Si todos tuvieran igual acceso a la información, si tú supieras lo que el otro está pensando, ¿crees que habría ricos o pobres?

---

2   La traducción y el resumen de esta charla han sido extraídos de la web: http://diavirtual.net/neurociencia-telepatia-vision-remota-y-otras-anomalias-al-laboratorio/ Puedes encontrar la charla completa en inglés en el canal de YouTube del Dr. Persinger.

»*El éxito de los gobiernos depende de hechos que se mantienen ocultos al resto. ¿Crees que los gobiernos tendrían el poder que tienen ahora si supieras todo lo que hacen?*

—Por supuesto que no.

»*Hemos visto el impacto de la filtración de información en Wikileaks por parte de Julian Assange y Edward Snowden. Y ahora tenemos a gobiernos persiguiendo a personas que han liberado información, acusándolos de cargos de traición.*

»*Las revoluciones ocurren cuando al menos el 15% de la población adquiere un determinado nivel de educación por encima del estándar.*

—En sus experimentos el Dr. Persinger ha observado que todos estamos inmersos en el campo magnético de la Tierra. La especie humana suma alrededor de siete mil millones de cerebros conductivos, todos compartiendo este campo. Este campo contiene suficiente energía para guardar las experiencias que cada ser humano haya vivido. ¿Qué pasaría si se desarrollara un procedimiento que permitiera el acceso directo a toda la información que hay en cada cerebro humano?

»*¿Puede la habilidad de tener acceso a información a distancia ser entrenada?*

—La respuesta es sí.

»*Hay varias personas que ya pueden hacer eso. Una de ellas es Ingo Swann, quien ayudó a desarrollar el fenómeno de «visión remota» en el Instituto de Investigación de Stanford.*

»*Ingo Swann estuvo envuelto años atrás en el programa secreto de la CIA 'Star Gate Project', relacionado con el desarrollo y el uso de facultades psíquicas, principalmente la visión remota.*

»En un experimento tradicional de visión remota se le pide al observador que «mire» lo que hay en un determinado lugar, lejos de donde él está, y lo dibuje en un papel. O que visualice algún objeto que previamente haya sido guardado en una caja, que esté fuera de su vista, y que lo dibuje en un papel.

»La mayor parte de las pruebas para acceder a información a través de visión remota de Ingo Swann, tienen un gran porcentaje de éxito. Su grado de eficacia está relacionado con la actividad del hemisferio derecho, en el rango de 7 Hz, el lado relacionado con soñar. Esta es la misma frecuencia que la Tierra entera genera. La precisión era menor cuando había tormentas geomagnéticas, o cuando el campo magnético de la Tierra sufría alguna perturbación; en ese momento él perdía su habilidad.

»Tenemos la ionosfera con un patrón de 7 Hz, lo mismo que nuestro cerebro. La consciencia es recreada cada 20 milisegundos y se mueve a 4,5 m por segundo y da como resultado 7 Hz. Los componentes eléctricos de la Tierra-ionosfera y tu cerebro son idénticos.

»Y ahora supongan que existiera una tecnología que nos permitiera tener acceso a la información que está disponible en el campo geomagnético de todos los cerebros.

»Otro tipo de experimento trata de dos personas ubicadas cada una en su propia habitación, separada una de la otra por unos cuantos metros. La primera persona en un cuarto mira una imagen, y la otra en el otro cuarto la dibuja. Los cerebros de las dos personas que conjuntamente estaban bajo el experimento fueron expuestos a un campo magnético del mismo tipo del que hemos hablado. Cuando eso sucede, dos cerebros a distancia se convierten en uno, usando un aparato que sincroniza su campo magnético.

»También tenemos el fenómeno de transmisión de luz: si una de las dos personas está viendo luz, la otra, en un

cuarto totalmente a oscuras, también percibe la luz; su cerebro genera luz.

»*Cuando hay emisión de fotones en el experimento que mencionamos, el fenómeno del entrelazamiento es real. Esto significa que lo que le pasa a una persona se ve reflejado en otra a pesar de la distancia y el tiempo.*

»*Los físicos actualmente están haciendo experimentos relacionados con el fenómeno del entrelazamiento. Lo llaman «teleportación».*

»*Es ya un hecho que se ha llevado a cabo teleportación entre dos partículas entrelazadas cuánticamente; cambiando la polaridad de una partícula en un lugar, simultáneamente cambia la polaridad en la otra partícula, separadas una de la otra 400 km.*

»*Si se cuenta con la tecnología y se tiene acceso a los patrones adecuados de otros cerebros, se puede obtener información a distancia.*

»*Sean Harribance es el hombre que conoce lo que guarda tu memoria, el primero en demostrar que se puede también tener acceso a la memoria de otros.*

»*Lo único que tiene que hacer es mirar una fotografía de una persona y empezará a contar sucesos de su pasado, incluso cosas embarazosas. ¿Cómo ocurre este acceso a la memoria?*

»*¿Quieren saber quién es Harribance? Hubo un ex líder de Iraq que estaba escondido durante el transcurso de un conflicto armado, y adivinen quién dio información sobre su ubicación al gobierno norteamericano: el Sr Harribance.*

»*Durante la conexión hubo una mejora en la potencia cerebral de 7 Hz en su hemisferio derecho. Este mismo patrón está relacionado con el hipocampo, la puerta de entrada a la memoria. Tus memorias son conexiones sinápticas y la puerta de entrada a estas es el hipocampo.*

—¿Hay algún otro campo homogéneo al que todos estemos expuestos aparte del terrestre?

—Sí, tenemos también el sistema de comunicaciones de la web, y la masa de la matriz electromagnética que crea esta red. Vivimos sumergidos en el campo homogéneo del sistema de comunicaciones global. Y gran parte de este emite pulsaciones muy cercanas al rango del cerebro humano.

»Este campo provocado por el sistema de comunicaciones interfiere con la capacidad de extraer información de la que hemos hablado, y en general, con los fenómenos psíquicos. Es un hecho que hoy se detectan menos casos conforme avanza el tiempo y esta red se expande.

»Conocimiento es poder.

Estoy segura de que esta lectura ha provocado algunas dudas en tu interior, sobre si la telepatía es una capacidad real humana que puede desarrollarse. También has podido leer como todos sin excepción estamos conectados con la Tierra como planeta, al igual que con todos sus habitantes.

Y por si aún eres de los que crees que estamos solos en el Universo, de acuerdo con los cálculos de la NASA, en la Vía Láctea podría haber más de 10.000 millones de planetas potencialmente habitables.

Suponer que la Tierra es el único mundo poblado en el espacio infinito es tan absurdo como creer que en todo un campo sembrado de mijo, solo un grano crecerá.

Metrodoro de Quíos, siglo IV a. C.

Imagina las diferentes formas de vida y cultura aún por descubrir. O quizá somos nosotros los únicos que no sabemos esto. Quizá somos observados y visitados desde hace milenios por culturas con una tecnología más avanzada que la nuestra.

El no saber algo no implica que algo no exista. Aunque el ser humano creyó durante años que la Tierra era plana, en realidad siempre fue redonda. Puede que en unos años todo lo que damos por cierto sea cambiado por nuevos datos.

En otro orden de cosas, recientemente han aparecido noticias que nos muestran una imagen de la Iglesia muy diferente de la que nos gustaría tener. En España hemos conocido ventas de bebés para adopciones, mientras a la madre biológica se le contaba que el bebé había nacido muerto. Igualmente han salido a la luz casos de pedofilia entre las filas de los eclesiásticos de todo el mundo. Aunque también podemos citar el esfuerzo realizado por los misioneros para erradicar costumbres culturales tan terribles como el canibalismo.

Mi opinión es sencilla: una cosa es la espiritualidad como concepto que define la conexión de cada ser viviente con un Todo o Fuente primordial de la que nace todo lo que existe, y otra bien distinta son las diferentes instituciones humanas que hablan sobre ella. Las personas comenten errores. Es habitual ver en algunos foros discusiones encarnizadas entre los simpatizantes de una religión y aquellos que defienden argumentos sobre la corrupción humana en las mismas organizaciones religiosas.

En el periódico *El Mundo* hablan de un dosier del conocido como «banquero de Dios», que recoge documentos y cuentas que plantean conexiones del Vaticano con la mafia. Pero, sobretodo, pone de manifiesto la falta de transparencia en sus cuentas y negocios[3].

No tengo ningún interés en hablar sobre la religión católica o cualquier otra, pero sí en que te replantees todas las creencias que han formado tu vida hasta ahora con el único propósito de que te abras a nueva información y seas tú mis-

---

3   Puedes leer la noticia aquí: http://www.elmundo.es/elmundo/2012/06/09/internacional/1339234219.html

mo el que decida cuáles serán las bases que sostendrán tu núcleo de verdades, esas que conformarán tu vida.

Mi propósito es que alcances la libertad de valorar cualquier situación e información, no por lo que conozcas, sino por lo que te aporte. Por ello voy a añadir una última noticia que añade un nuevo entendimiento sobre el Universo y el ser humano.

En junio de 2000 se anunció que la mayoría del genoma humano había sido secuenciado, y esto fue seguido por la publicación del noventa por ciento de la secuencia de los tres mil millones de pares de bases del genoma en la revista *Nature*, en febrero de 2001[4].

Algunas de las sorpresas que acompañaron a la publicación de la secuencia incluyeron el número relativamente pequeño de genes humanos que había, tan pocos como 30.000.

Ahora continúo ampliando esta noticia por una fuente que ya no es la oficial para que seas tú mismo el que saque sus propias conclusiones[5].

Un grupo de investigadores que trabajan en el Proyecto Genoma Humano creen que las secuencias no codificadas en el ADN humano, el 97% denominado «ADN basura» o «ADN fantasma», son nada menos que el código genético de formas de vida extraterrestre.

«Nuestra hipótesis es que una forma superior de vida extraterrestre se ocupó de crear nueva vida y plantarla en diversos planetas. La Tierra es solo uno de ellos. Tal vez, después de programarlo, nuestros creadores nos hicieron crecer del mismo modo que se hacen crecer las bacterias en placas Petri. No podemos saber sus motivos, si se trataba de un experimento científico o una manera de preparar

---

4   Cito de la siguiente fuente: https://www.genome.gov/27562862/breve-historia-del-proyecto-del-genoma-humano/

5   Puedes encontrar la noticia completa aquí: http://www.exopoliticsspain.es/articulos/Art-05.htm

nuevos planetas para la colonización, o si es un asunto en curso a largo plazo de sembrar vida en el Universo».

Este tipo de noticias no son aceptadas por la ciencia oficial; de hecho, los enlaces de la entrevista sobre estas declaraciones emitidas por el profesor Sam Chang fueron eliminados de Internet a los pocos días. Ahora solo puedes encontrarla en páginas afines a temática extraterrestre, pero ya no encontrarás ninguna reseña sobre este profesor y su trabajo en el Proyecto Genoma Humano.

Sin embargo, conocerás el proyecto Orión y otros que está preparando la NASA para los próximos veinte años, en los que quieren desarrollar tecnologías que nos permitan transformar Marte, de manera que en un futuro lejano pueda asemejarse a las condiciones que tenemos en la Tierra[6].

De cualquier modo, existen testimonios como el del astronauta Edgar Mitchell, que ponen de relieve la realidad de que no estamos solos. Los gobiernos encubren esta información.

«Mitchell, sexto hombre en poner pie en la Luna, es conocido por su sinceridad a la hora de abordar temas relacionados con los ovnis y la conspiración para ocultar su presencia en la Tierra. En no pocas ocasiones ha asegurado que, gracias a conversaciones que ha tenido con militares y personal de Inteligencia estadounidense, está convencido de que los extraterrestres han visitado la Tierra y que hay un gran manto de secretismo que lo encubre»[7].

Si la ciencia, la religión y los gobiernos manejan información que desconocemos, quizá haya llegado el momento de replantearse los hechos que nos han contado como cier-

---

6   http://elpais.com/elpais/2015/05/12/ciencia/1431451760_438794.html

7   http://www.huffingtonpost.es/2015/08/28/edgar-mitchell-astronauta_n_8053090.html

tos. ¿Estás dispuesto a revisar tus creencias y mirar con nuevos ojos la realidad que te rodea?

Por mi parte te animo a desarrollar tu curiosidad, tu capacidad de preguntar y de sorpresa e inocencia de niño, y te regalo mi deseo de que hoy comiences tu propia aventura de descubrimiento. El Universo infinito te espera.

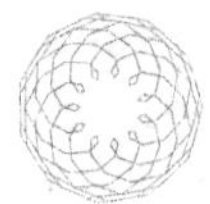

2. EL GRUPO DE LOS NUEVE

«El Grupo de los Nueve» es el conjunto de Conciencias que canalizo. Una conciencia, como definición, es la capacidad que tiene un sujeto o ser vivo de conocerse a sí mismo y a su entorno. El término proviene del latín *«cum scientĭan»*, que significa «con conocimiento».

Canalizar es la capacidad de recibir información a través de la telepatía, una cualidad que te permite sintonizar, al igual que lo harías para localizar en la radio tu emisora favorita, con la información que solicitas.

Habitualmente usas la telepatía de forma inconsciente. Por ejemplo, cuando piensas en alguien en concreto y a las pocas horas recibes su llamada. Puedes aprender, como explica el resumen introductorio de la charla del Dr. Persinger, a desarrollar esa capacidad que está en todos nosotros, que se mantiene en estado latente al no prestarle atención.

No es un don de unos pocos, sino una cualidad humana que ha tenido muy mala prensa a lo largo de la Historia, creándose alrededor de ella tabúes de todo tipo que han hecho que se la relegue al rango de la superchería y la superstición.

En mi caso, esta capacidad se desarrolló a lo largo de los años con prácticas meditativas y a través de la auto sanación utilizando diversas técnicas energéticas como el Reiki. Hablaré más sobre ello en la segunda parte de este libro, dedicada especialmente al arte de la canalización.

Hay muchos caminos que te llevarán a la conexión con tu interior y todas las personas son capaces de obtener los mismos resultados, simplemente ofreciendo el tiempo y la dedicación necesarios para ello.

Puedes crear tu propio templo de silencio con unos minutos de meditación diaria en tu propio hogar, visitando la naturaleza de forma habitual, creando un vínculo duradero con la vida y contigo mismo. Basta con que retires durante un tiempo los estímulos artificiales de la vida, las necesidades banales ofrecidas por la sociedad como algo importante para que puedas retomar la senda de tu re-conocimiento y de la verdadera libertad.

Ahora quiero presentarte a mis compañeros de trabajo, los que de forma especial han compartido mi camino, mis dudas, mi frustración, mis errores, y finalmente la rendición ante una verdad más evidente y conciliadora que nunca llegué a imaginar como posible.

Cada uno es especialista en un área concreta que sirve de ayuda al desarrollo de la Humanidad. Se han unido formando este grupo con la finalidad de comunicar herramientas afines a este momento en el que la Humanidad como conjunto está evolucionando y desarrollando nuevas ideas.

Al igual que en la Tierra, también hay diferentes culturas en el Universo. Cada uno de los integrantes del grupo procede de un planeta o de una dimensión diferente a la nuestra. La Humanidad ya está desarrollando tecnologías y estudios que demuestran que el ser humano no es solo lo que vemos físicamente.

A lo largo del libro cada integrante del grupo hará su pequeña introducción antes de presentarte su propia información.

Por ello voy a cederles la palabra como grupo en conjunto para que te hablen directamente a ti y recibas su energía calmante y sanadora en tu corazón.

Hace tiempo acordamos venir en este momento de tiempo y espacio para ayudar a la Humanidad a pasar el proceso evolutivo en el que está inmersa. Tanto si lo sabes como si no, nosotros conocemos tu origen y el deseo que generó esta escuela de vida llamada por muchos Tierra.

Somos nueve miembros de diferentes esferas planetarias; algunos somos de la esfera arcangelical y esa es nuestra impronta energética, otros procedemos de Las Pléyades, de Arcturus y algunos estamos conectados contigo por nuestro pasado remoto como ser humano, en épocas que aún no puedes recordar ni conocer. El último miembro del grupo es la escritora, que ha elegido ser la portadora de nuestro mensaje durante su actual encarnación.

A lo largo de nuestro camino evolutivo hemos aprendido a no interferir directamente, pues el mensaje ha sido malentendido en otras ocasiones; por eso esta vez elegimos un modo diverso de comunicación.

Cada integrante del grupo tiene su propia función, pero solo en conjunto conseguimos el nivel vibracional y la frecuencia adecuados para transmitir ciertas herramientas, despertar recuerdos y ser el catalizador del cambio en cada individuo que así lo elija.

Sostendremos la vibración que hemos venido a transmitir aquí; podrás utilizarla para reconectar con tu origen, para salir de tus dramas internos y para superar tu apego a la dualidad. Con el tiempo, lo que conoces como tú mismo o tu ego será como un niño al que conociste y amaste mucho tiempo atrás. Y serás capaz de reconocer tu propia música interna, así como la de los demás.

Sin ningún deseo de individualidad, te damos la bienvenida a este espacio ficticio en su forma, pero muy real en su propósito. Deseamos tu evolución y desarrollo, y estamos aquí en servicio de diferentes modos para la Humanidad.

Grupo de los Nueve.

3. SOBRE LA CREACIÓN

Comenzaré yo misma, Nahisa, a contarte historias sobre los inicios. Aquellos en los que la Humanidad ni siquiera era aún un proyecto. Podrás tener una idea de conjunto del origen común de todo el Universo para después poder comprender más fácilmente el tuyo.

Hablemos primero sobre la raza humana

Has sido creado, y esta es una verdad. Los primeros no nacieron: fueron creados y salieron en gran número. Nunca fueron bebés, sino desde el inicio adultos. Surgieron ya formados para poder cumplir con el objetivo que provocó su creación.

Como raza has sido modificado innumerables veces, y es en tu patrimonio genético donde se encuentran tus orígenes y tu destino.

Muchas veces habrás pensado: ¿por qué he tenido que nacer? ¿qué hago aquí? Como ser humano te has sentido vulnerable y vulnerado, y eso forma parte de tu naturaleza. Es justo lo que facilita, en parte, que puedas ser manipulado con relativa facilidad. El sentimiento de haber llegado sin saber cuál era tu propósito y sentirte inevitablemente abandonado por tu creador. ¿Te suena? ¿No es una de las dudas existenciales de la Humanidad?

Podemos escucharos clamar: ¿dónde está Dios, es que se ha olvidado de mí, realmente me conoce, me escucha, me ama? Sin duda conocemos la sensación de abandono y duda que surge de tus entrañas. No te sientas mal por ello porque más adelante comprenderás que fuiste creado desconectado.

Nunca fue tu culpa, ni existió el pecado original, no hiciste nada que mereciera que te echaran de tu hogar y, de hecho, fuiste más bien colocado allí. Entenderás que has elegido como alma jugar el juego de olvido, para al final llevar la Luz a la oscuridad.

Tu alma ha decidido, y por ello estás evolucionando en diferentes encarnaciones que ocasionarán en ti el cambio una y otra vez, acumulando multitud de experiencias para, al final, retornar a tu origen.

Para ayudarte a cumplir tu destino estoy aquí. Es imperante que lo sepas y para ello habré de hablarte de tu pasado.

Solo puedo hablarte de tu inicio como alma, ya que la Fuente no tiene inicio, ni tampoco fin, y tú perteneces a ella y a ella volverás.

La Fuente no es un hombre, ni una mujer, no es un ser; todas las definiciones que quieras darle son tremendamente limitadas, pues el lenguaje no está hecho para expresar, sino para comunicar. La comunicación real proviene del corazón, y es a través de él donde se expresa. La comunicación del lenguaje es necesaria solo cuando no has conectado con el corazón.

El corazón también es un concepto, uno que habla de unión, de conexión, de comprensión, de respeto y de amor. Cuando el ser evoluciona contacta con otros seres con sentimientos que transmite desde su corazón.

El sentimiento es la forma más evolucionada que puedes conocer en esta encarnación como ser humano. Es lo más parecido a la conciencia universal que fluye en todo ser vivo.

Ahora hablaremos del Inicio

Tu ciencia habla de un momento en el que hubo una gran explosión y el cosmos se formó, todo a lo largo de billones de años, y que hoy por hoy continúa en constante expansión. Muchas religiones hablan de que la creación de todo ocurrió en un instante, el momento en que Dios habló y creó.

Desde el inicio estás equivocado. Las historias varían y son perfectas para cada momento y cultura, y ahora ya ha llegado el momento de soltar las viejas fábulas, de comprensión sencilla, para escuchar las historias para una mente más madura.

La historia de la Creación en la Biblia habla tan solo del planeta que habitas actualmente, y tampoco es fiel a la verdad debido a que ese manuscrito fue creado por humanos y no por Dios. Hablaré del concepto de Dios y de dios, para que te sea más fácil la comprensión del texto, pero para nosotros el término adecuado es Fuente Original o Creador Principal, y más adelante entenderás por qué. Voy a contarte la historia que mi pueblo y una buena parte del cosmos han recibido como verdad sobre la Creación.

Por un momento te pido que olvides la historia que te contaron, incluso si estás de acuerdo con la ciencia o con la religión; tan solo abre un espacio de silencio en tu interior y permite que mis palabras resuenen dentro de ti. Después podrás desecharlas y, por qué no, incluso criticarlas. Es mi ferviente deseo que no tomes mis palabras como un credo, sino que tan solo te planteen una posibilidad, una nueva duda, un probable o un quizá.

Cuando no existía el tiempo y solamente había un continuo, una conciencia habitaba en él. No había diferencia entre ser o no ser pues todo era.

En ese estado estático de ser surgió un sentimiento que comenzó a hacerse imperante. Ese deseo clamaba por una acción, experimentar. No había nada que experimentar puesto que todo era; sin embargo, el deseo se había convertido también en ser. Por ello en un instante el concepto de vida y de tiempo surgió. Y en ese instante, la conciencia sintió un arrebato de profundo amor.

Antes de ese instante el amor no existía, pues no había diferencia con ser, pero en el momento en que la vida surgió, el amor fue concebido, y al mismo tiempo, fue la razón de la Creación.

La Gran Conciencia permitió que el amor implosionara dentro de sí, y con ello surgió la diseminación. En un primer momento de ese joven tiempo, la Gran Conciencia se dividió en muchas partes, manteniéndose como conciencia completa, y al mismo tiempo, siendo nuevos seres diferentes. Su misma naturaleza se diseminó en estas nuevas conciencias, que eran en parte iguales y en parte diferentes.

Cada diferenciación hacía que la Gran Conciencia sintiese más y más amor por su creación. Y al ser su misma naturaleza la que habitaba en cada nuevo ser, todos igualmente sintieron la necesidad de continuar a partir de sí mismos una nueva diseminación.

De este modo, diferentes naturalezas del ser surgieron y comenzaron a crear un espacio donde poder experimentarse a sí mismas. Todas las nuevas conciencias eran la misma Fuente/Gran Conciencia. Todas provenían de lo que comenzó a conocerse como la Fuente de Todo o el Creador Principal. Y todas continuaron con el mismo deseo de diseminarse en nuevas conciencias, diferentes y en origen iguales, para poder seguir sintiendo esa nueva sensación que llamaron amor.

Esa es la manera que nosotros conocemos en que todo lo existente fue creado. A partir de una unidad divina, perfecta, estática y única, surgieron todos los diferentes grados de existencia, con el mismo origen, pero a cada paso un poco más alejados de la grandiosidad de la primera Gran Conciencia.

Fue el deseo de ser lo que originó la diseminación, o creación de otras conciencias. *Todo lo que alguna vez has podido imaginar tiene un origen único y divino que tan solo varía en el grado de irradiación del Amor Primordial.*

Todo es vida, sea un ser racional como te conoces a ti mismo, o sea un planeta, o simplemente el vacío o el aire que respiras. Todo proviene en última instancia del Creador Principal.

Yo vine a participar de este proyecto, aquel que rompe las fronteras de tu mente. Vengo a sacarte de la cárcel de tus creencias, que han sido hábilmente entretejidas. Sé que no es fácil para ti desechar todo lo que con tanto amor atesoraste, pero ¿qué victoria es aquella que se gana sin cambio alguno?

¿Quién es entonces Dios?

Dios, la Fuente, el Creador Principal, la Gran Conciencia, es el aliento que con su vida crea nueva vida. ¿Comprendes ahora que no es un anciano de larga barba? Esas imágenes e historias tan solo son mitos humanos para explicar algo tan grande que solo es posible de aceptar sintiendo.

Todo lo que te rodea ha nacido del Creador Principal. Todo cuanto se ha imaginado alguna vez es exactamente igual en naturaleza y proveniencia que tu querida realidad material.

Podemos definir para ti tu concepto de algo espiritual, como el conocimiento de que todo lo que es está en ti, habita en ti y se expresa a través de ti. Que no tuvo nunca lugar para el juicio puesto que formas parte del Todo, y el Todo conforma cualquier cosa, ser o idea, que exista o pueda existir.

En el Universo infinito de probabilidades existe tu universo conocido. En un pequeño planeta habitas tú y aquello que crees que conoces.

Hay mucho más aún por descubrir, pero ahora ya podemos decir que comprendes el origen de Todo, el concepto de Dios y de aquello que denominas espiritual.

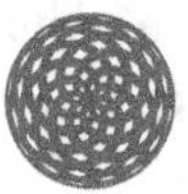

4. ¿DE DÓNDE VIENEN LAS ALMAS?

El alma es el principio de vida y emana directamente de la Fuente. No se puede crear, copiar o duplicar. No es modificable ni influenciable, pues en su estado perfecto. Simplemente es.

No podemos hablarte de las almas sin hablar un poco más del Creador Principal o Fuente.

En la comunidad humana existen muchas historias que definen un concepto de Dios. Queremos aclarar esto a riesgo de que no quieras continuar leyendo. En un punto reciente de la Historia de la Humanidad se introdujo el concepto de miedo a Dios. Si no estabas de acuerdo con él, muy probablemente eras ajusticiado. Esto generó un sentimiento de aceptación global que respondía simplemente a la necesidad de mantenerse con vida. Ese denominado «Dios» por muchas religiones está muy lejos del verdadero significado de Dios, objeto de gran manipulación para que el pueblo en general no pudiese acceder a la verdadera divinidad.

Aún hoy en tu mundo, existen muchos lugares donde ese férreo control de la opinión dominan la vida y la muerte. Entendemos que sientas pánico solo por el mero hecho de leer este libro, pues el miedo ha sido arraigado en la psique humana durante siglos. El miedo es la herramienta que te mantiene bajo el yugo de la ignorancia. Si tienes falta de información, entonces eres fácilmente manipulable. Si además aceptas las amenazas físicas o verbales sobre lo que ocurrirá si no acatas ciertas verdades, entonces dejas de ser humano para ser un robot biológico.

Esa es la realidad imperante en tu mundo hoy, y al mismo tiempo es la realidad que está desvaneciéndose más rápidamente. La belleza del mundo humano es que está plagado de contradicciones. Es un lugar donde todo vale, y justamente por ello es el lugar perfecto para que un alma pueda evolucionar rápidamente.

Como alma provienes directamente del Creador Principal, de la Fuente. Nada te puede controlar, aunque también puedes decidir dejarte manipular. Eres tan puro en tu energía que mantienes intacto el primer deseo de experimentar. Y con esa premisa te embarcas en cualquier aventura. Sabiéndote conocedor de tu destino final, no te interesa el concepto de sufrimiento o alegría, sino tan solo sientes el Amor Primordial de aceptar todo como una experiencia perfecta en sí misma.

Ese es el valor de las almas, y estas, querido amigo, no tienen nada que ver con el uso de un cuerpo físico, sea de raza humana, como es tu caso, o de cualquier otro tipo de raza que exista en el Universo.

Por ello podemos comenzar diferenciando tu parte de alma plenamente divina y que existe en algunas creaciones, de tu parte física, tu cuerpo de ser humano actual.

Un alma solo puede habitar en conciencias avanzadas, al igual que cuando vas a una obra de teatro existen los actores y también el escenario, los trajes y el atrezo a usar. En el Universo, no todo lo que proviene de la vida contiene un alma.

Puedes encontrar diversas formas de expresión que no tienen parecido alguno contigo o con cualquier ser viviente que conozcas, y no obstante, se expresan como si lo fueran.

Esas formas de expresión son programaciones que una vez fueron mantenidas por mucho tiempo, repetidas por humanos una y otra vez, hasta que al final alcanzaron casi el estatus de ser vivo.

Así, cuando en una cultura se inculca un concepto en particular, su mera repetición genera una forma de existencia. Un pensamiento repetido por muchos a lo largo del tiempo se comporta como ha sido programado por ese pensamiento e incluso puede llegar a interactuar con otras conciencias vivas.

Podrías asimilarlo a algo cercano a un robot: no está vivo pero ha sido programado para que reaccione de una cierta manera, así como para que desarrolle un comportamiento concreto.

Tú mismo generas pequeñas formas de expresión a lo largo de tu vida que usualmente conviven adheridas a tu cuerpo de energía, ese que no es físico pero que sostiene tu forma física. Estas formas de expresión nacen de tus pensamientos, esos que repites como tu carta de presentación, tanto a otros como a ti mismo.

De esta manera, si a lo largo del día repites un pensamiento tipo «ya no puedo más, no lo soporto», y continúas repitiéndolo por unos días, generas una forma de expresión. Al inicio no es grande, tan solo ocupa el espacio de un apéndice en ti. A medida que continúas manifestando el sentimiento de hastío y desidia, ese apéndice va tomando una forma más concreta que responde a la programación que le diste. Esa programación responde a las palabras que usas, y la fuerza y convicción con la que las dices o piensas genera su ritmo de crecimiento.

Una vez que tenga cierto tamaño, la forma de expresión hará honor a su programación y cada día repercutirá en ti la necesidad de sentir de nuevo esa apatía y ese desánimo que en su día la creó.

Como ves, tú también eres un creador, y en este Universo existen infinitas formas de vida, incluso aquellas que aparentan vida y no la contienen.

Estás conviviendo diariamente con tantas formas de expresión que ya no eres capaz de diferenciarte a ti mismo de ellas. Ni tampoco puedes ya distinguir las formas de vida consciente de aquellas que simplemente son progra-

maciones, como hologramas andantes de una publicidad caducada.

Ahora volvamos a ti, querido ser humano, a tu parte como cuerpo físico y a tu parte como alma integrante y procedente del Todo.

Si fuiste creado, puedo decirte que tan solo crearon tu cuerpo, el vehículo donde decides encarnar cada vez; eso forma parte del Gran Juego. Cuando el cuerpo está preparado para recibir, es cuando el alma decide entrar.

Un alma es una energía de conciencia que se ha separado de la Fuente. Eso es lo que podemos llamar tu verdadero nacimiento. El alma surge como un fiel reflejo de la Fuente, como una gota límpida y perfecta de agua, y sin embargo, contiene en ella diferentes destellos de curiosidad. Podríamos llamarlo ganas de experimentar, y por ello la mejor definición de la vida es el deseo de experimentarse a sí mismo.

Este deseo de experimentarse de todos los modos diferentes impulsa al alma a diferenciarse en varias conciencias, lo que podrías asimilar a almas gemelas. Porciones de un mismo alma que se separan para abarcar más y obtener diferentes experiencias, y que una vez que se han desarrollado en su totalidad, vuelven a unirse a sus partes disgregadas, aquellas que hayan terminado su evolución.

De modo que tu origen es al final tu destino. No importa las experiencias que tengas, pues son originadas para estirar al máximo la comprensión del alma sobre sí misma. No hay juicio, pues siempre el único y verdadero camino de vuelta al hogar es el amor.

El alma está tranquila pues sabe que aunque se sienta perdida al final volverá al amor.

La Fuente lo compone todo y todo lo que has visto, pensado o imaginado alguna vez es la Fuente. Al igual que tú también eres la Fuente. Por ello nunca puedes escapar de ti mismo. *No existe ningún lugar, imaginario o no, donde no exista la divinidad.*

Sin embargo, hay grados de vibración. La más alta vibración habla de amor en todos los aspectos. La más baja vibración habla de los estados que son opuestos al amor. No por ello deja de formar parte de la Fuente, pues el estado de la Fuente es el amor completo. ¿Cuánto amor se requiere para amar sin juicio alguno los actos sin conciencia ni amor de otro ser?

Además están los conceptos de creación y destrucción, vida y muerte. Para el ser humano son opuestos y, no obstante, al igual que la luz y la oscuridad, están estrechamente entrelazados. De algo que se elimina o destruye siempre surgirá algo nuevo. De la muerte en una encarnación surgirá el nacimiento, hasta que el alma haya superado las ruedas de encarnaciones para su evolución en ese modo determinado de aprendizaje.

No hay juicio, no hay mejor ni peor, todo evoluciona de un modo constante y nada se pierde, solo tarda más tiempo en llegar. Pero ¿qué es el tiempo sino la sucesión de experiencias?

Ahora quiero hablarte de las almas atrapadas. Hay diferentes estados del ser, y también existen estados en los que lo predominante es el ego o egoísmo. En estos lugares habitan seres de baja frecuencia vibratoria que se alimentan de frecuencias alejadas del amor, las frecuencias del odio y del miedo.

No juzgamos estos lugares o dimensiones, pues también han tenido en origen contacto con el Creador Principal. Entendemos que si existen es porque son necesarios para la comprensión final. Todos estamos transitando caminos diferentes; algunos llevan más tiempo, y otros menos, pero todos invariablemente convergerán al final en el amor, en el Creador Principal.

El alma es libre en su naturaleza, pero cuando encarna en un cuerpo está ligada a los deseos, temores e ilusiones de ese cuerpo. Toda alma sabe lo que se va a enfrentar una vez que descienda a un plano terrenal. Existen muchos planos, no solo el humano, y cada uno de ellos tiene condiciones diferentes.

Una encarnación en un ser humano usualmente tendrá un escaso rango de vida, al menos en el planeta Tierra. Sí, has acertado, la raza humana no está presente solo en este planeta que conoces como Tierra. El alma puede habitar en todos los cuerpos diseñados para albergar vida evolucionada, es decir, que pueda proveer de suficiente diversidad de experiencias.

Un alma puede elegir encarnar en una cultura en la que la existencia esté predeterminada por la familia en la que nazcas; existen muchas jerarquías en el Universo y no todas son benéficas. Sin embargo, el alma decide experimentar el yugo y la opresión para acumular esa vivencia y aprender a comprender el significado de la obligación y el despotismo desde el protagonismo del que lo infiere al otro o desde la vivencia del que lo sufre.

Recuerda, querido humano, que todos los puntos de vista son válidos para nuestro Creador Principal. No seremos nosotros quienes juzguemos si ese modo es válido para el aprendizaje.

En mi cultura nos enseñan que, una vez que el alma se libera del cuerpo, olvida por un momento eterno las razones y obligaciones que tenía en la vida para vivir de un modo concreto. Deja de ser padre o madre, dictador u oprimido, para sencillamente sentir la grandeza e inmensidad de la existencia infinita. Tan solo desde la óptica del personaje encarnado se pueden juzgar las acciones de la propia existencia. Cualquier ser, por muy maligno que sea, tiene dentro de sí mismo la chispa perfecta de la Fuente Primordial.

No existen almas atrapadas, pero sí existencias en las que el alma experimenta una vida que no está acorde directamente con los altos ideales de la vida.

¿Qué ocurre con aquellas almas que se pierden en el camino de regreso? Esas almas quedan por un tiempo atadas a las emociones que predispusieron a su personaje a un determinado comportamiento. Hay veces en los que la existencia contiene tal riqueza de detalles y emociones, positivas o negativas, que el alma se olvida por completo de su origen y queda obsesionada por su personaje.

Entonces sí está atrapada, pero tan solo por el afán de seguir sintiendo su personaje. Siempre hay ayuda; aquellos que convivieron con ese alma y que aún le son conocidos acuden en su ayuda. Pero no siempre es posible que estas almas se liberen de sus emociones; atrapadas en su estrecho traje, olvidan su naturaleza eterna y sienten miedo de dejarse llevar.

Es similar al concepto de nacimiento; el alma siente miedo de dejar su existencia en el plano en el que se encuentra, que depende totalmente de su evolución. Y puede negarse a nacer al sentir miedo por «caer» en una realidad que le es totalmente ajena. A eso responden los problemas en el nacimiento; no siempre es por miedo, pero sí en un grado importante.

En todo momento el alma está acompañada de guías avanzados que la apoyan con su frecuencia de amor, pero tanto en el caso de la obsesión por su personaje como en el del nacimiento, el alma toma siempre la última decisión.

Un alma puede dividirse en diferentes partes de sí misma y esas partes encarnar en diversos seres. Esto lo hace para acelerar su evolución y aprendizaje. Todas sus partes volverán a reunirse una vez que el aprendizaje por separado haya terminado. De ahí proviene en tu cultura el concepto de «alma gemela», que se ha malentendido, pues no siempre se siente atracción y entendimiento en un grado perfecto. En ocasiones las encarnaciones elegidas por el alma son muy dispares, y aunque se sienta cierta empatía, posiblemente los personajes sean tan diferentes que no tengan la suficiente afinidad para ser pareja.

Ahora te preguntarás si los demonios también son almas. Es una buena pregunta, pero no está hecha correctamente. Hablemos del concepto que tienes de demonio. En tu cultura un demonio suele venir definido por la religión predominante en tu zona de nacimiento, y así se le otorgarán un nombre, unos defectos y unas memorias.

Ya hemos hablado brevemente de la manipulación que existe en tu mundo en cuanto a tu propia historia, y esto por supuesto incluye a todas las religiones. Las historias son contadas y en esos relatos intervienen seres humanos, cada cual en su época y con sus intereses. Yo prefiero hablarte de los hechos.

Si existen conciencias que buscan beneficiar a la Humanidad, así como a otros aspectos y razas del Universo, es factible que existan aquellas que solo buscan su propio beneficio. Igualmente comprendes que si tu civilización conociera otra menos desarrollada, para esa comunidad vuestra tecnología podría ser interpretada como algo milagroso.

Partiendo de ese concepto, me será más fácil que puedas comprender lo que quiero explicarte ahora. Cada raza tiene cualidades diferentes, al igual que los planetas que habita. Dependiendo de la «fisicalidad» de sus cuerpos, así será su vibración. En tu planeta coexisten muchas frecuencias, aunque tú eres consciente solo de algunas de ellas, aquellas que responden a tu vibración.

Si pudieras percibir todas las frecuencias que componen tu planeta, podrías ser consciente de las zonas con radiación, y de hecho te desharías inmediatamente de gran parte de los utensilios de tu hogar. También serías consciente de las almas que vagan a tu lado, aquellas que se obsesionaron con su personaje y no continuaron su viaje. Igualmente podrías ver a los guías que caminan contigo, a las denominadas programaciones o expresiones de pensamiento, la energía que emana de cada ser viviente, y por supuesto, a aquellas conciencias de baja energía que tu cultura ha asimilado como demonios.

Al provenir de una esfera de conciencia diferente a la tuya, no tienen un cuerpo como el humano. Por supuesto tampoco están sujetos a las mismas leyes que tú, como la gravedad, aunque sí al tiempo. Sus existencias son mucho más longevas que las de varias generaciones juntas, y es por eso que existen relatos muy antiguos sobre ellos. No obstante también mueren y necesitan alimentarse. Usualmente su alimento principal son las emociones de baja vibración como el miedo, la envidia, etc. Por esa razón el ser humano se siente perdido y vulnerable cuando es atacado por una entidad de este tipo. Las religiones han jugado un papel de consuelo y en ocasiones de liberación, pero no suele tener un efecto definitivo.

Esto es debido a que toda tu existencia se basa en que recuerdes tu origen divino, y por tanto que estás a la misma altura que cualquier conciencia a la que hayas adorado o solicitado ayuda en alguna ocasión. En el momento en el que trabajas con rituales estás otorgando el poder a otras conciencias. Ni que decir tiene que no todas las conciencias a las que pides ayuda son lo que esperas que sean. Algunas son programaciones que se instauraron hace siglos por las repeticiones de miles de personas. Otras son entidades que han suplantado una identidad que responde a algún santo en alguna religión. Y otras, efectivamente, son conciencias evolucionadas que velan por el despertar de la Humanidad.

Para que puedas diferenciarlas, basta con que revises la oración que vas a decir o el ritual que vas a emular. Si encuentras partes que no te hacen sentir pleno, sino relevado a un lugar de indefensión, entonces puedes desecharlo pues estás alimentando con tu energía de falta de poder, dolor, o inseguridad a una entidad usurpadora de baja energía, que se asemeja más al concepto de demonio que tienes que al de amigo o maestro.

En el instante en que reconoces tu valía y tu capacidad de interactuar y crear en tu mundo, entonces eres capaz de desechar esas entidades.

Otras veces sentirás la influencia de esas almas obsesionadas con su ego cuyos personajes en vida no fueron positivos, sino habitualmente altamente negativos. Al dejar el cuerpo, la conciencia olvida gran parte de los sentimientos y sensaciones que le hacían humano y se va cubriendo de un velo de indiferencia y dolor.

Estas entidades van bajando su frecuencia con el paso del tiempo, y en ocasiones quieren infligir dolor y pena a las personas vivas con las que se cruzan. El mismo tratamiento debes tener con ellos; no los temas, no interacciones con ellos, no intentes sacarlos de su olvido, pues otras conciencias con más experiencia que tú trabajan en ello. Tu único cometido en esta vida es reconocer tu origen divino, y por ello reconocer que eres parte del Creador Primordial, y que contienes esa chispa de creación que expandes a cada segundo de tu existencia.

Te ayudaremos con algunas herramientas, pero solo tendrán sentido y podrán ejercer su función si tomas verdadera conciencia del maravilloso y poderoso ser que eres. Solo si tomas conciencia de que el amor es la materia de la que estás hecho, y la libre elección el aliento que te impulsa.

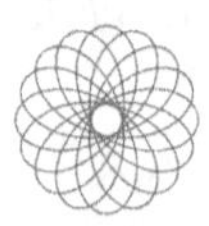

5. COMPRENDIENDO LA LIBERTAD VERDADERA

Nunca has conocido la libertad, o al menos podemos decir que no tienes registros de ella en tu memoria. Crees que la conoces y ese es justamente el mayor peligro: asumir que eres o fuiste en algún momento libre.

Debido a la programación que tienes impregnada en tus células, sientes una necesidad constante de agradar. Esta sensación te incita a realizar, en el sentido literal de la palabra. No eres consciente, pues no puedes estar plenamente despierto, y en tu estado actual de ser necesitas hacer para sentirte ubicado en tu mundo. Si no haces algo sientes que estás fallando. Pero ¿a quién?

Esa es la primera pregunta coherente. Ahora puedes comenzar a revisar todos los estados emocionales que te hacen sentir culpable de algo que no puedes determinar. Cuando simplemente te sientes mal y buscas razones para entenderlo, entonces estás actuando en base a tu programación. Si no eres dueño de tus emociones, pregúntate quién las está gobernando.

A veces tienes que hacer grandes esfuerzos para obtener un «punto emocional» adecuado o sano. Parece que algunas emociones son capaces de gobernarte momentáneamente y seguro que has probado diferentes modos de recuperar ese poder.

De hecho, incluso ese esfuerzo por buscar la manera de estar bien contigo mismo forma parte de tu programación. Por eso ahora vamos a ahondar en ello.

¿En qué consiste tu programación?

En tu mundo están muy presentes las tecnologías de tipo ordenador. Estas tecnologías han evolucionado mucho en los últimos tiempos llegando a formar parte de tu día a día. Funcionan con simples automatismos; detrás de una acción simple como un clic se esconde una programación compleja que realiza una acción concreta. Esta programación se hace en lenguaje binario, que se compone de unos y ceros (110000100100011000). Este es un lenguaje universal matemático.

¿Podrías imaginar una tecnología tan avanzada que integrase un mensaje en un gen? En parte eso es lo que ocurrió en el momento en el que la raza humana emergió.

Hoy has experimentado en tu vida que las historias tienen diferentes versiones, y la que cuentan los vencedores suele ser la que se acepta al final como oficial. Por eso es imperante que abras tu entendimiento a nuevos puntos de vista.

Quizá te contaron algo similar a un nacimiento único de la Humanidad, y esa versión es la de la Creación. En ella hablan de un solo momento y un nacimiento, y tu ciencia demuestra que hay diferentes ancestros del ser humano actual, la Teoría de la Evolución.

Yo te hablo de hábiles genetistas, que no son la Fuente, sino alguien similar a ti pero que no es humano. De hecho alguien muy anterior a ti y por ello con más conocimiento tecnológico que tú.

Más conocimiento no significa más evolucionado, y sin embargo, las mitologías te hablarán de dioses e incluso las religiones confundirán a la Fuente con ellos y los llamarán Dios.

Ahora ya sabes de dónde proviene tu programación y que fuiste creado de un modo que hoy sería similar a los intentos de clonar vida, que ya han tenido lugar, como la oveja Dolly. Así que acabamos de restar misterio y hemos añadido una pizca de razón a la historia de tu nacimiento.

Y quizá te preguntes ahora con qué objetivo se hizo la programación, y eso nos lleva a recordar las historias de dominación y control que ya conoces en tu historia, antigua y actual. ¿Es posible que esos mismos motivos de dominio y control fueran los que incitaron a la creación de la raza humana?

Podemos decir que la creación de una raza por otra siempre tiene un objetivo y este dependerá enteramente del nivel de evolución espiritual que tenga esa sociedad. Por ahora no profundizaremos más, vamos a pasar directamente a lo más interesante para ti.

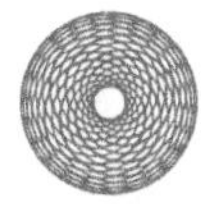

6. ¿SON TUYAS TUS CREENCIAS?

Hemos hablado mucho sobre tus orígenes; ahora conoces que hay parte de tu historia y de tu religión que es correcta y parte que no lo es tanto. Por un lado conoces el origen primigenio de todo lo que existe, la Fuente, el Creador Principal, del que procedes como alma. También conoces que encarnas en diferentes cuerpos, dependiendo de la existencia o experiencia que quieres tener. Uno de ellos, el actual, es un cuerpo humano, y ese cuerpo como raza ha sido creado por otra raza. Al igual que tu raza, la suya busca evolucionar y mejorar sus condiciones de vida. En tu tiempo los robots son ya una realidad y en unos años comenzarán a ocupar gran parte de tu sociedad, estarán presentes en cada área de tu vida. Para esa otra raza, los robots son una tecnología innecesaria, pues son conocedores de la ingeniería genética y eligen ese modo de desarrollo.

Todo, en última instancia, incluido el deseo de crear y modificar razas, procede del Creador Principal. Nosotros no juzgamos su modo de operar con vosotros, tan solo hemos hablado brevemente de las intenciones que los llevaron a vuestra creación como raza física.

No queremos crear un conflicto interno, pues estamos aquí para ayudarte a recuperar tu poder. No hay poder en el enfado, en la desilusión, esa no es nuestra intención. En vuestra sociedad actual aún existe la esclavitud en diversos modos; por eso insistimos en que la historia es lo que es. Pero tú como individuo puedes cambiar e interactuar con tu realidad.

Con esta premisa de conocimiento, te solicitamos que te preguntes a ti mismo: ¿puedes confirmar con seguridad que todos tus pensamientos son tuyos? ¿Recuerdas algún sueño o pensamiento que, cuando lo tuviste, te sorprendió o incluso te asustó?

Podemos confirmarte que estás inherentemente rodeado de tecnología de control mental. Desde el conocido y aceptado por tu sociedad, como la publicidad que implanta sensaciones e imágenes para crear una necesidad, hasta aquel que no puedes ver ni reconocer.

En tu cerebro físico hay estructuras que tu ciencia conoce, pero solo en apariencia. Hay mucha literatura no oficial que se refiere a ello; no toda es correcta pero mucha se acerca. Estás dotado de una antena interna cuya función fue la de mantenerte conectado con la naturaleza y todos sus eventos a través de las frecuencias que emite todo ser vivo, y aquellos que no catalogas como vivos, como la Tierra y las rocas. Todo está emitiendo una frecuencia y tú estuviste conectado, al igual que el resto de la naturaleza, con ello.

En un momento de tu evolución, esa conexión natural se perdió; de ahí proviene en parte el relato de la expulsión del Edén. Debo decirte que sí existió un Edén bíblico, pero no era un lugar apacible para los seres humanos, sino para la raza que por aquel entonces gobernaba por la fuerza sobre la Tierra. Aquella raza era guerrera, la misma que modificó vuestra genética, y que en vuestras escrituras se confunde con dioses y ángeles.

Para ti, la sensación de exilio ocurrió con la pérdida de identidad que sufriste cuando esa antena receptora y conectada con la naturaleza, tu verdadero Edén, se desconectó. Te sentiste perdido, alejado de todo lo que conocías y amabas; ya no podías sentir la paz, el latido vibrante que la Tierra te devolvía a cada instante. Fue el momento en el que la raza como Homo Sapiens se consolidó, y el resto de versiones del hombre desaparecieron. Como alma tú estuviste en los neandertales y añorabas esa conexión perdida que confirmaba tu divinidad, integrándote en el Todo.

Hoy en día, esa antena sigue activa, desconectada de su función primera vaga incierta, recogiendo en su radio de acción todo tipo de información. Existen organizaciones en tu mundo que conocen su funcionamiento y lo usan para su propio beneficio. Al igual que yo puedo transmitir información por este canal de forma más inconsciente, todos y cada uno de vosotros recepcionáis en vuestro interior la información emitida en el lugar donde vivís.

Es por esa razón que en ocasiones has llegado a un lugar y te has sentido súbitamente bien, feliz y risueño; querías quedarte allí. Y otras veces la sensación era la opuesta, sintiendo incomodidad y opresión. Cada lugar está expuesto a diversas frecuencias, naturales y artificiales. Tú tienes la capacidad inherente de conectarte a ellas, de manera consciente o no, y de hecho lo haces todo el tiempo.

Cuando seas capaz de retomar tu capacidad consciente de conexión entonces nunca más serás manipulado. Por eso estamos aquí para transmitirte el conocimiento y la habilidad, para retomar tu conciencia completa, para recuperar tu poder.

¿Cómo deshacerse de la programación?

Ahora es cuando todo comienza a tomar sentido. Si has sido programado, al igual que puedes programar un ordenador para que realice tareas en modo automático, puedes comprender que existe un modo de que elimines esa programación que te han impuesto.

No te diré que será inmediato, y requerirá esfuerzo por tu parte. Sin embargo puedo sentir como crece la emoción en ti. Sabes que estás preparado para liberarte; has hecho un largo camino para llegar a este momento, en el que eres capaz de replantearte todo lo que has aceptado como cierto. Por eso hoy puedo estar aquí, acompañándote en este espacio holográfico, al que tú accedes a través del libro y yo accedo a través de tu pensamiento.

No temas, nosotros no vamos a imponer ninguna programación en ti; muy al contrario, queremos darte modos de que seas tú mismo el liberador de tu ser, y más adelante podrás ayudar a otros a que también se liberen.

Cuando quieres emprender un nuevo proyecto, a menudo te encuentras sintiendo verdadero miedo ante la nueva situación. Todo tu cuerpo se prepara para salir corriendo, y, no obstante, no hay nada de lo que huir. Sientes como un nudo en el estómago aparece cuando piensas en lo que quieres conseguir.

Hay muy pocos de vosotros que son capaces de comenzar algo nuevo sintiendo simplemente la belleza del intento en sí, del cambio, de todo lo que va a aportar en vuestra vida. Esto, querido amigo, proviene de tu programación.

La primera programación que vas a aprender es aquella que te incita a quedarte parado. Como todas las programaciones que tienes en tu interior, se encuentra codificada en tus células y en tu ADN, de manera que de modo automático tenderás a comportarte en un modo genérico. Este modo responde a emociones y cada persona desarrollará en su contexto cultural estas emociones de un modo u otro.

Esta programación se insertó en tu ser para que fueras dócil y predecible. Si el miedo limita tus acciones de evolución, existen muchas posibilidades de que una gran mayoría de personas no haga nada por cambiar y evolucionar. Estas programaciones internas se apoyan además con programaciones culturales promovidas por las facciones humanas que ostentan el poder en tu mundo. Así, se valora la tradición, la rutina, y se premia el acomodarse a la mayoría a través de modas de todo tipo. No se trata solo de que consumas, sino también de que aquello que consumas te entregue un mensaje claro: «Si estás con nosotros, eres aceptado».

El modo de remover esta programación es sencillo. Cada día sentirás en un modo u otro esa sensación de parálisis ante diversas situaciones en tu entorno. Y cada cambio que quieras adoptar chocará invariablemente con la barrera del NO. El mensaje interno será algo como «lo ya conocido es más seguro y me he habituado a ello. Ya lo conozco». Ahí es donde debes estar atento, ha saltado tu programación.

El siguiente paso es llevarte una mano al corazón y sentir su calor mientras piensas: «lo que no intento es lo único que no es posible». Siente el calor entrando en tu corazón, ese es tu hogar verdadero, aquel que recuerda el alma, aquel que está formado por los mejores sentimientos. Aquel que te recuerda quien eres en verdad.

Usamos esta técnica para devolver tu atención a lo físico a través de la sensación de apoyo que te brinda tu mano al sostener tu corazón. Eso genera en ti un recuerdo interno de sentirte sostenido por algo que no puedes identificar, pero que te calma y acuna como si fueras un bebé. El amor destierra el miedo y la programación se invalida momentáneamente cuando te rindes, te dejas cuidar. Entonces la fuerza motriz que mueve el Universo, que es el amor, puede actuar. Al rendirte sin más lucha, sin hacer nada más que sentirte amado, recogido y sostenido, no generas más muros, y la energía responde a la llamada de tu corazón, generando las sincronicidades en tu vida para que ese cambio se genere.

No se trata de hacer, sino de permitir. Cuando te echas a un lado y te abandonas a la sensación de ser amado y respetado, entonces tu ser divino, que es pura vibración, que cohabita dentro de ti, puede hacer su trabajo, que no es más que responder a su propia naturaleza, la del Creador con amor.

Con el paso del tiempo, cuando realices este ejercicio cada vez que sientas miedo llegará un momento en el que la auto-programación se desconectará de forma definitiva.

La segunda programación es la del esfuerzo. Esta se te impuso con la única intención de que te sintieras bien trabajando. Aquellos que te programaron necesitaban que trabajases para ellos, al igual que tú programas un robot aspirador para que realice esa función incansablemente. Ellos también buscaban optimizar tu tasa de trabajo de manera que tuvieras dentro de ti la sensación de que debías hacer más y mejor.

De modo que habitualmente sientes que nunca es suficiente, que debes esforzarte para conseguir las cosas, porque si no hay esfuerzo de por medio entonces es que no lo has ganado. De nuevo hay programaciones de apoyo en tu sociedad que priman las largas horas de trabajo como algo que aporta dignidad al trabajador, cuando lo que hace es restar tiempo de vivencias al ser interno.

Ocurre que cuando las cosas simplemente aparecen, cuando las consigues sin un esfuerzo tangible, habitualmente no las valoras igual. Este modo de actuar es debido a tu programación, que inmediatamente resta felicidad a esa consecución del objetivo y te invade la sensación de que no vale la pena. Ocurre en ese momento que vuelves a sentir la necesidad de buscar algo más, otro trabajo, otra pareja, otra experiencia que te aporte esa sensación de dificultad, para al final sentir un fuerte cóctel de emociones que te aturden y te embriagan.

Este modo de actuar prevalece en los depredadores, que necesitan sentir el impulso de la caza para asegurarse el sustento en el mundo animal. Se instaló escondido en las funciones del cerebelo o cerebro reptiliano y te incita a buscar siempre algo más, algo fuera de ti.

Tu naturaleza es la divina y es la del Creador, que crea a través de su conciencia de amor. Amor por el mero hecho de crear, y amar cada una de sus creaciones porque son parte de ti. Tu naturaleza verdadera no busca fuera porque es sabedora de que todo está dentro de sí misma. Es como si un súper ordenador buscase un programa mejor en ordenadores inferiores. Esto no tendría sentido y su búsqueda sería eterna e infructuosa debido a que esos programas mejores estarían en su propia programación y no en la de otros.

Lo mismo se aplica a ti. El creador que tienes en tu interior siente la dicha de crear a cada momento y reconocer sus creaciones. No necesita esforzarse puesto que es su naturaleza intrínseca el crear. El concepto de esfuerzo es opuesto al concepto de divinidad.

Cuando te esfuerzas, esperas una recompensa final, y de ese modo es como se te mantiene siempre buscando y esperando ese caramelo dulce al final. Habrás visto como se entrena a un perro: se le crea el hábito desde muy pequeño de recibir un premio cada vez que hace lo que se le pide. Puede ser una galleta o un muñeco. El resultado es que se crea una respuesta favorable que busca esa recompensa y que ayuda al dueño a conseguir fácilmente lo que requiere del perro. Es una respuesta emocional que solo responde al muñeco o al premio al que se le haya acostumbrado.

Pregúntate ahora, ¿cuál es tu premio?

El modo de inhabilitar esa programación es comenzar a creer en tu capacidad de crear. Para conseguirlo, practica cada día el siguiente ejercicio:

Visualízate en medio de una llanura, inmensa y desierta. Obsérvala, es tuya, te pertenece, está allí para que tú puedas jugar. No hay nada más, ni nadie más.

Ahora elige algo en tu mente que quieras disfrutar en ese tablero vacío de juego. Recuerda: no estás ahora en tu mundo real, no estás en tu vida, ni siquiera eres tú mismo. Durante el ejercicio mantente con la única intención en mente de jugar.

Si por ejemplo elegiste crear un hermoso lago, elige el lugar donde quieres ubicarlo y visualízalo como lo has deseado. Entonces mantén esa visión, deléitate con lo que has creado. Nota como responde a ti, a tu deseo, como evoluciona el color del agua de un verde intenso a un azul profundo. O como aparecen rocas a la orilla y cambian el tamaño y el color, según tú lo deseas.

Es un paisaje vivo; está vivo porque tú lo has deseado y en ese instante lo has creado. No ha habido esfuerzo de por medio, no ha pasado tiempo de desarrollo, no responde a ninguna de las normas establecidas por tu sociedad y, sin embargo, está ahí, ante tus ojos, en tu tablero de juego.

Ese es el modo en que influencias cada día tu vida. Ahora has aprendido a desarrollar esa capacidad de modo consciente y al mismo tiempo a inhabilitar tu programación.

En el instante en que disfrutas creando en tu tablero comienzan a ocurrir milagros. Un creador no puede ser un esclavo, no está obligado a trabajar, sino simplemente disfruta creando.

Cuanto más lo practiques, más se clarificará tu conciencia en cuanto a que es posible disfrutar de algo bello, algo que deseas, sin esfuerzo y por el simple mérito de disfrutarlo. Ya no hay premios más que el hecho mismo de hacerlo, de crear.

Eso nos lleva a la tercera programación: necesitas agradar.

Durante mucho tiempo la Humanidad ha reaccionado. Se dice en tu cultura que es más fácil «cazar moscas con miel». Y de ese modo has sido programado. Respondes más rápido si notas que el otro es complacido.

Complaces a tu entorno familiar y social constantemente y a veces te encuentras en situaciones que no deseas y que no llegaste a imaginar, solo por el mero hecho de adaptarte a lo que crees que el otro espera de ti. Por el regalo de una sonrisa cómplice, de sentir que apoyan tus decisiones, de formar parte de algo.

Esta programación era necesaria, pues como trabajador se te iban a plantear muchas situaciones en las que tendrías que elegir. Sentirías el cansancio y el deseo de disfrutar con otros de tu especie. Así que se implantó la necesidad de encajar, de ser aceptado y confundir esto con ser amado.

Por ello puedes aceptar realizar más horas laborales solo por ver que otros compañeros también lo hacen. Igualmente sentirás la culpabilidad de no acudir a un evento que te disgusta, pues en tu interior tienes una programación que te incita a agradar al otro. Sientes que decepcionas a alguien si sigues tus propias directrices y deseos, pues hay algo que te dice que no estás cumpliendo con tus deberes.

La manera de liberar esta programación y llegar a comprender realmente el amor es la aceptación.

Comienza a aceptar que el otro también tiene esa programación y muchas de sus exigencias serán producto de la programación y no de su propio deseo.

El ser humano es mucho más comprensivo de lo que ha llegado a entender. Tu mundo actual es presa de radicalismos; puedes ver como hay personas que se enrolan en guerras cuyos principios básicos eran opuestos a sus creencias hace tan solo unos meses.

En el momento en que no escuchas tus deseos estás matando una parte de ti, aquella que tiene libre albedrío, aquella que sabe que no puede decepcionar si sigue su corazón.

Sentirás la libertad de elegir cuando te aceptes con toda la complejidad que tiene tu ser. Cuando no te obligues a aceptar un comportamiento, compromiso u opinión, solo porque sea el que tu entorno acepta.

En ese momento comprenderás que no es necesario disculparse por ser como eres. Aceptarás más fácilmente las imposiciones del otro al comprender que es presa de su propia programación.

Cuando los demás vean la nueva libertad que has elegido, comenzarán a comprender que ellos mismos también pueden elegir. Podrás mostrar al otro y a ti mismo que no es lo mismo querer y amar algo o a alguien que acatar una orden impuesta.

Si muestras tu amor y al mismo tiempo tu decisión, en calma, el otro recibirá tu energía libre de programación y podrá así recordar que hay otro modo donde la aceptación de los demás pasa por la diversidad y no por la uniformidad.

Así tu sociedad y tú mismo podréis soltar la dictadura en la que estáis inmersos.

Hay más programaciones pero estas son las bases de la mayoría. Cuando prevalezcas sobre ellas serás por primera vez un ser humano libre.

Mi deseo es que recuerdes tu origen y abraces la multiplicidad de tu ser.

Habrá más comunicaciones cuando estés listo; hasta entonces residiré en tu corazón.

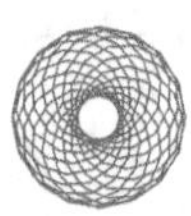

7. CUANDO LO QUE CONOCES YA NO TE SIRVE

Ahora retomo yo, Cristina, la palabra. Imagino que después de estas potentes canalizaciones te sientes un poco turbado, confuso y quizá incluso algo enfadado. Es posible que hayas dejado de lado el libro por unos días para retomar más tarde su lectura.

En parte a mí me pasó algo similar. En ocasiones sentía la necesidad de buscar en Internet, pero sin saber exactamente qué buscaba. Al final aparecía un autor, una reseña o un libro que llamaba poderosamente mi atención y encontraba información sobre civilizaciones antiguas, mitos y descubrimientos que contravenían la norma sobre la Historia oficial. Después solía canalizar retazos de lo que había leído. Me daban la información con cuentagotas, porque generalmente solía rechazarla por lo sorprendente y rompedora que era. Sin embargo, al encontrar autores que como yo tenían experiencias que les llevaban a pensar que era posible otra Historia, me calmaba y retomaba la canalización.

A veces quería la opinión de otras personas y eso solía ser un desastre, pues tocaba directamente sus creencias religiosas más profundas. Al final decidí que cada cual es libre de interpretar la información que de un modo u otro llega a sus manos.

Por mi parte me he permitido abrirme a una realidad diferente y escuchar mi corazón. También he cuestionado mis creencias espirituales. Recibí una educación católica y recuerdo que de pequeña siempre me confundían los relatos de un dios vengador que arrojaba fuego y destruía ciudades, que pedía adoración y se enfadaba si no la recibía.

Quizá erré en mi interpretación; al fin y al cabo las palabras solo son palabras y somos las personas las que elegimos darles un significado. Finalmente he decidido que puedo aceptar diferentes interpretaciones de la realidad y que los libros y las historias están narradas por personas como tú y como yo.

¿Y ahora cuál es el siguiente paso? Cuando tus creencias se tambalean, pasas por un período extraño en el que no sabes a qué atenerte y tus hábitos tienden a ser revisados.

Ahora es cuando te propongo una serie de herramientas que te servirán para proporcionarte paz durante el proceso de soltar. Trabajarán para ti, para ese alma que vino a experimentar pero que posiblemente ahora esté rodeada de muros infranqueables.

Con la práctica podrás comprobar por ti mismo como esos muros no son tan altos ni tan importantes. Que de hecho no te estaban protegiendo sino conteniendo, y que es posible una nueva realidad interior.

Solo una de estas herramientas requiere un proceso de iniciación o transmisión. Para que puedas canalizar a través de tu ser la Energía de Conversión a Tiempo 0, es necesario realizar un sencillo y ameno taller que te habilitará para ello. En él recibirás una sintonización con esta frecuencia para que puedas trabajar con ella de forma plena y directa.

Sin embargo, como nada está escrito, es posible que solo con tu intención y predisposición puedas conectar con ella por tu cuenta. El Universo es infinito, como las posibilidades del ser humano. No obstante, si quieres conocer más, puedes visitar mi web[8]; estoy a tu disposición para cualquier consulta o para compartir tus vivencias de evolución.

---

8   www.pasandoarena.com

8. QUÉ ES LA ENERGÍA DE CONVERSIÓN A TIEMPO 0

En un momento de mi vida me sentía realmente mal, con mucha energía densa. Mis habituales auto-tratamientos en Reiki y técnicas energéticas no conseguían restablecer el punto de salud que solía tener. Además de impartir cursos de Reiki y energía, también daba tratamientos y notaba que cada vez me iba cargando más y más de la energía que traían los demás. No podía comprender qué estaba pasando, pero sentía que debía existir otro camino por el cual podía continuar ofreciendo sanación a los demás sin involucrarme con su densa energía.

Comencé a pedir ayuda a mis guías. Por aquel entonces cada mañana dedicaba más de una hora a canalizar y hacer auto-sanación y meditación. Sentía que estaba impregnada de energía muy pesada. Con el tiempo pude aprender que estaba sufriendo lo que se conoce como «trabajos de mala energía». Se unieron varios factores, envidias de personas que conocían mi ocupación y aún lidiaban con sus propios miedos internos, un decaimiento emocional provocado por el fallecimiento de un familiar y una serie de desafortunadas situaciones de engaño y averías en la casa que teníamos en alquiler.

En el fondo es sencillo: cuando tu vibración baja de manera importante por estados emocionales alterados, cualquier energía de baja frecuencia que pudiera estar rondando por ahí entra de forma directa.

Pedí a mis guías una energía que me liberase de todas las densidades con las que Reiki no era capaz de lidiar, que sanase y, además, que ayudase a evolucionar. También especifiqué que no hubiese que tocar a otra persona para tratarla, eliminando los límites impuestos por la cercanía física y la posibilidad de contaminación de la energía liberada en la sanación de la otra persona.

Y la respuesta llegó. Debo decir que al inicio no fui muy consciente de ella; fue poco a poco cuando me permití probar a canalizar la energía, sin usar las manos, simplemente permitiendo fundirme con ella. Tuve que trabajar mucho la confianza en el proceso pues al inicio no me sentía merecedora de tal regalo y dudaba de su eficacia. Con el tiempo fui perfeccionando la manera de canalizarla y probando con otras personas. Así nació la Energía de Conversión a Tiempo o.

Aquí te presento una de las canalizaciones con la que recibía respuesta sobre qué era y cómo trabajaba. Namaquiel es otro integrante del Grupo de los Nueve que se dedica a llevar luz a cada persona para que ella pueda reconocer su propia valía y aprender a amarse y cuidarse a sí misma.

Canalización de Namaquiel

El nombre explica exactamente lo que es y lo que hace: transforma. Transforma el cuerpo físico en cuerpo de luz convertido a los nuevos valores en los que puede recibir unas frecuencias más potentes y definidas donde el usuario, al igual que elige un menú para comer, puede elegir un menú para sanar y evolucionar. Decide y es consciente así del nivel real donde está, pues la energía de esta frecuencia solo fluirá cuando la persona esté lista. Cada sesión de conocimiento será diferente; la energía colaborará conscientemente con el usuario y le dará el grado necesario de cada frecuencia para que ocurra el proceso de forma adecuada y para que el sujeto tome conciencia de su proceso real y de por qué ocurre.

Se diferencia de las demás energías porque hay un nuevo grado de entendimiento y comunicación con el usuario o sujeto. La energía pasa a ser más tangible, no en modo físico, sino comunicándose directamente a través del interior del mismo. Aparecerán conclusiones internas sobre antiguas formas de pensar, decisiones y sus conclusiones sobre lo que ocurrió.

Ya no hay que acudir a pedir consejo; puedes pedir apoyo para asimilarlo pero es un proceso que ocurre ya sin recelo, al suceder a través de uno mismo. Ya no hay intermediarios en la sanación; ocurre el proceso natural y la elección consciente.

Como lo has sentido dentro de ti, has podido sanar a otra persona a través de tu cuerpo, sintiendo las partes donde iba la energía; no todos pueden recibir ese grado potente. Por eso cada vez que uses esta nueva energía, la persona lo recibirá en el grado en el que se sienta disponible al cambio.

También sentiste miedo y confusión cuando comenzaste a hacer lecturas y reconociste que es un modo potente de sanación que no implica un esfuerzo por tu parte.

Así ha surgido esta energía, buscando una forma de conexión directa que no implique esfuerzo físico, pues no es en lo físico donde se genera ni donde actúa.

Habrá más explicaciones y comunicaciones. Como siempre, tuyo, Namaquiel.

Cómo trabaja y qué podemos esperar

Esta energía te devuelve la paz y la calma que tanto has anhelado y te provee internamente de aquellas respuestas a las que no conseguías acceder y que estaban estancando tu vida.

Notarás cómo la energía va entrando en tu cuerpo y sanando a su paso todo aquello que estés dispuesto a liberar.

La sensación puede ser desde muy potente hasta no sentir específicamente algo concreto; esto dependerá enteramente de tu nivel de sensibilidad, que irá aumentando a medida que te equilibres.

Podrás notar cómo la sanación continúa incluso horas más tarde de haber recibido el tratamiento. Si, por ejemplo, tienes una lesión física, puedes seguir notando calor fuerte en la zona; si has recibido imágenes internas de otra vida, sentirás una necesidad de estar en silencio hasta que interiorices el mensaje. En ocasiones la sanación será tan profunda que necesitarás dormir muchas horas; no juzgues tu proceso de sanación, simplemente fluye con tus necesidades internas y cuídate.

La salud, la sanación, la superación, el cambio, es un proceso que comienza siempre desde ti mismo. A través de tu constancia y de tu deseo de evolución conseguirás un resultado duradero. La Energía de Conversión a Tiempo o te ayudará en este proceso para que seas tú mismo el autor de tu cambio.

Solo a través de la conexión con tu esencia divina, que anida en lo más interno de tu ser, puedes sentir de nuevo la alegría, la paz, retomar el propósito de tu vida, recuperar la salud y devolverte a ese estado de gracia en el que el ser humano nació.

Por qué en este momento

El ser humano se ha estabilizado internamente en un lugar donde ha reconocido su valía y su poder.

Desde este nuevo estado, las frecuencias de sanación con las que puede trabajar son más altas. En concreto ahora es posible acceder a esta nueva frecuencia, que devuelve el poder de materializar en su cuerpo. Se le devuelve la capacidad de ser consciente y puede tomar su responsabilidad como creador.

Este es un paso muy importante en la evolución de la Humanidad, ya que decide liberarse de capas y capas de ausencia para finalmente recobrar su libertad como individuo y con el tiempo como raza.

Es entonces cuando el momento de aceptar liberarse de lo que no es suyo llega. Y por ello es posible dejar de lado el concepto de víctima para recoger el nuevo concepto de responsable de sus creaciones.

Se convierte en actor de su propia creación mental, amando sus creencias positivas y liberando aquellas limitantes. De ese modo se puede llegar a conquistar la libertad.

Diferencias con otras técnicas de sanación o tratamiento

La frecuencia con la que vas a trabajar no es en sí misma una técnica, ya que no necesita unos pasos específicos para disfrutarla.

En el momento en que recibes la iniciación en la Energía de Conversión a Tiempo 0, ya estás habilitado para canalizarla para ti y para otros.

Se facilitan unos pasos para dar o recibir un tratamiento, para que la mente pueda estar relajada y tranquila una vez que se comience la sesión. Sin embargo, verás que el modo en que funciona es totalmente sencillo y alejado de cualquier técnica.

Esto es ya una diferencia con el resto, que sí son técnicas y en las que se enseñan pasos para su práctica.

La otra diferencia es que no es un tratamiento sino una sesión, ya que no se trata de sanar sino que se canaliza la energía directamente y a través del receptor.

Hablaremos de tratamiento y auto-tratamiento para simplificar la comprensión de la enseñanza. Cuando comiences a practicarlo podrás experimentar por ti mismo esta diferencia y la libertad que entraña soltar normas y pasos.

Experimentarás como la energía entra por la coronilla y se distribuye donde es necesario sin la implicación del emisor, que no dirige la energía sino que disfruta dejándose llevar por el proceso.

Sintiendo y viendo imágenes durante el tratamiento

Una de las características de esta energía es que cuando envías una sesión a otra persona, o recibes tu propia sesión, habitualmente aparecen imágenes.

A veces son muy fugaces y no podrás saber cuál es su significado. Mi consejo es que simplemente transmitas a la otra persona lo que has visto, pues en ocasiones esa imagen sí tiene un significado profundo para el receptor.

Cuando seas tú el que recibes tu sesión, una buena idea es llevar un cuaderno de impresiones. En él puedes anotar la fecha, si estás pasando por alguna emoción concreta y si tienes un objetivo marcado para la sesión.

Esto te servirá con el tiempo para identificar qué cambios se han ido operando en ti. Notarás que a veces cambias una actitud que ni siquiera te habías planteado como objetivo en tus sesiones. Esto es debido a que trabajas directamente con la energía de la Fuente Original que en cada sesión te está reseteando y enviando al Punto 0.

Ese es el punto de inicio al que queremos re-convertirnos. Re, puesto que es una vuelta a tu estado original y no un cambio a un estado diferente al propio y natural del ser humano. Conversión, porque te conviertes, desde ese punto original, en el tipo de personalidad, carácter o forma de ser que deseas para ti, algo nuevo y al mismo tiempo eterno.

Lo importante es que cada imagen que aprecies te está hablando de lo que se ha sanado durante la sesión. Así, si por ejemplo aparece la imagen de una persona, la relación del receptor con esa persona se ha sanado, es decir, se ha liberado de las ataduras de creencias limitantes que causaban sufrimiento.

Si es una imagen masculina y sientes que es una figura paterna, describirás la imagen indicando que sientes que era su padre. Puede ser un padre de otra vida o de esta, o quizá el sentimiento de niña que sentía que necesitaba un padre protector, que quizá no fue así. Ese sentimiento la llevó a buscar esa protección en otras figuras masculinas, como compañeros de trabajo, amigos o parejas. Con la aparición de esa imagen se ha sanado ese patrón.

No intentes saberlo todo, simplemente describe tus sentimientos hacia esa imagen y permite que la persona asiente el mensaje. El cambio de actitud o sentimiento interior posterior será lo más importante del proceso.

Enviando energía sin límite de tiempo ni espacio

En esta energía tampoco tendrás que estar en el mismo lugar que la persona a la que envías una sesión. No se usa la imposición de manos, ni hay contacto físico de ningún tipo.

Trabajarás directamente con el cuerpo energético, sin tocar ni visualizar nada en concreto. Por ello, si envías una sesión a una persona que está físicamente contigo, podréis estar cada uno en una silla. No tocarás su cuerpo, ni necesitarás cercanía física; simplemente conectarás con su cuerpo energético y canalizarás la energía.

Tampoco tendrás límite de tiempo pues puedes enviar una sesión de energía a una hora para que la persona la reciba en otro momento. Eso se explica más detalladamente en la parte práctica. Lo importante es que comprendas que el concepto de tiempo es una dimensión que nos sirve para experimentar materialmente. Sin embargo, cuando conectamos con la energía, esta ocurre sin esa limitación, y una vez que sabemos esto podemos trascender estos límites.

Sanando experiencias de otras vidas y del pasado

En las sesiones se trabajarán múltiples aspectos del ser al mismo tiempo. Por ello podrán aparecer imágenes que hablan de situaciones que no signifiquen nada para la vida actual de la persona. Sin embargo, a un nivel interno se removerán emociones que estaban presentes en sus actitudes.

No es necesario poner la intención en sanar una vida pasada cuando realizamos un tratamiento. Más bien pondremos atención en los mensajes, imágenes y sentimientos que lleguen durante la sesión.

Siempre se sanará aquello que es relevante en ese momento, y la sanación tendrá que ver con el nivel de evolución que la persona se está permitiendo en la actualidad.

No es necesario hacer nada; simplemente todo ocurrirá de modo holístico y en conjunto. No elegiremos un marco a tratar, ya que desconocerás las implicaciones de otras existencias o incluso las emociones más ocultas que se hallan entrelazadas.

Por todo ello esta energía facilita llegar todo lo lejos que el momento actual de la persona que recibe la sesión le permita. El momento son las sensaciones internas del permitir que la persona experimenta como posible. A veces decimos algo pero sentimos justamente al contrario. Aquí no hay error, simplemente hay un dejarse llevar, y al igual que el cauce de un río es largo pero al final desemboca en el mar, a tu ritmo igualmente llegarás.

9. SESIONES DE ENERGÍA PARA TI Y PARA OTROS

Para poder trabajar con esta energía es necesario realizar el taller donde se recibe una iniciación que te sintoniza con su frecuencia. Igualmente existe la posibilidad de que seas capaz de sintonizarte por tu cuenta con tu trabajo espiritual, meditación e intención. Si quieres conocer este taller, tienes toda la información en mi página web[9].

En este contexto usamos la palabra auto-tratamiento y tratamiento para facilitar la enseñanza, pero realmente cuando trabajes con esta energía estarás realizando sesiones.

Una sesión no se dedica a tratar o sanar algo en la persona; muy al contrario, lo que trabaja esta energía es devolverte al momento en el cual no tenías creencias.

La creencia es la base del dolor y el sufrimiento. Si crees que el mundo no te valora, sentirás que vives en un mundo cruel y te sentirás desdichado. Un tratamiento tradicional buscaría las razones de ese sentimiento así como sanar los daños que ha causado, para al final, con el tiempo, conseguir deshacer esa creencia para que no volviese a actuar.

La Energía de Conversión a Tiempo 0 resetea la energía que tienen esas creencias y que se alojan en ti creando desazón e incluso enfermedad. Si logramos equilibrar nuestras creencias quedándonos con aquellas que nos empoderan y nos aportan, conseguiremos un cambio real, estable y duradero, ya que la creencia tóxica simplemente se irá. Así ya

---

9   www.pasandoarena.com

no vamos a los síntomas, como pueden ser una enfermedad, una actitud o un vicio, sino que vamos directamente al origen: a la creencia.

En cada sesión que realices puedes elegir un tema en concreto que quieras equilibrar o simplemente permitirte sentir la energía y dejarte llevar.

El método en sí es muy sencillo: buscas un lugar cómodo donde sentarte. Puedes poner música tranquila o no, aunque no es necesario, tan solo busca tu propia comodidad.

Una vez sentado, cierra los ojos y coloca tus manos sobre tus muslos, con las palmas enfrentadas una a la otra. Toda tu postura debe estar relajada. Apoya las manos sobre los muslos, la espalda en la silla y mantén el cuello recto.

Figura 1. Adopta una postura relajada.

Entonces mentalmente dices: «*Energía de Conversión a Tiempo 0*». Y te mantienes relajado durante quince o veinte minutos. Puedes hacer las sesiones que creas necesario. Si practicas una vez al día promoverán en ti un cambio profundo.

Lo notes o no, la energía entrará por tu coronilla, se distribuirá por todo tu cuerpo e irá allá donde sea necesario.

Además, entre tus manos visualizarás una esfera de luz pequeña o un cuerpo genérico y sencillo que representa tu propio cuerpo físico. Así, mientras recibes la energía espiritual en tu cuerpo atravesándote por la coronilla, entre tus manos se producirá una sanación más física dirigida a posibles dolencias.

De este modo estarás recibiendo sanación física (para dolores, malestar, enfermedad, etc.), y, al mismo tiempo, recibirás la energía espiritual de liberación de creencias.

Para terminar la sesión simplemente disuelves la imagen entre tus manos, abres los ojos y ya puedes continuar con el resto de tu día.

No te preocupes porque no tienes que hacer nada, y aunque al inicio te pueda parecer un poco complicado, una vez que lo repitas un par de veces será una rutina sencilla y agradable para ti.

Para el tratamiento a otro, colócate en la misma posición. Mentalmente visualiza a la otra persona, o si no la conoces, usa su nombre completo para conectar con su esencia.

Visualizarás un cuerpo genérico y desde tu corazón saldrá un hilo de luz que conectará con su corazón. Entonces el cuerpo se hará pequeño, siempre conectado a tu corazón, y se colocará entre tus manos.

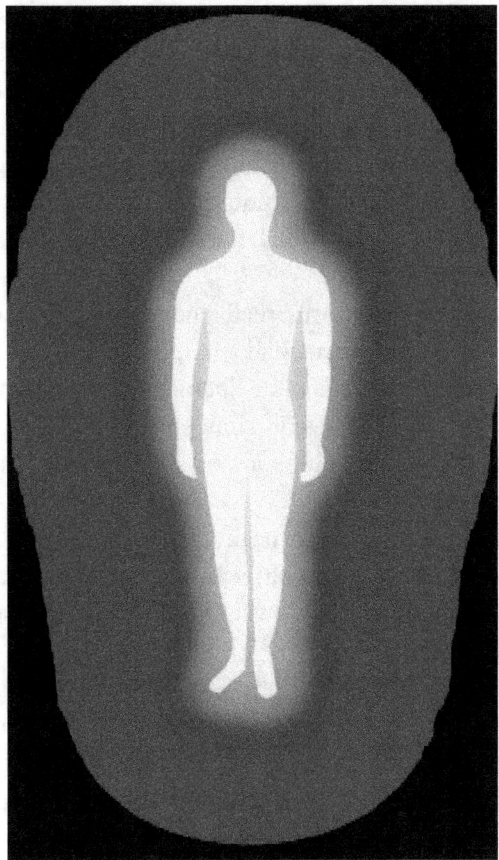

Figura 2. Cuerpo energético genérico.

Después esa imagen del cuerpo se duplicará: una se quedará en formato pequeño entre tus manos y la otra crecerá hasta igualar tu tamaño y se colocará en tu cuerpo.

Entonces tú y la otra persona os habréis vuelto uno. La sesión a partir de aquí será igual que la auto-sesión. Mentalmente dirás: «*Energía de Conversión a Tiempo 0*», y te mantendrás relajado durante quince o veinte minutos. La energía entrará por tu/su coronilla y se moverá donde sea necesario.

Para terminar la sesión, el cuerpo grande que está en tu propio cuerpo se separará y se unirá de nuevo al cuerpo pequeño que está entre tus manos. El hilo de luz que os une se soltará y disolverá. Entonces la sesión habrá terminado y podrás continuar con tu día a día.

Es bueno que prestes atención a las sensaciones físicas, a dónde notas la energía, para después contárselo a la otra persona. Hay veces que corresponde con zonas donde se ha sufrido una lesión o que en ese momento está sanando. Así, puede sentir que efectivamente la sanación está ocurriendo, ya que no todas las personas perciben igualmente la energía.

Presta atención si hay imágenes y qué sentimiento te transmiten. Tampoco es necesario interpretar, puesto que a veces la imagen en sí tiene un significado diferente para la otra persona que para ti. Lo importante es que se lo transmitas.

Todas las imágenes hablan de facetas de la persona que se están sanando durante la sesión.

Lo ideal es que después, tanto tú mismo en tu auto-sesión como la otra persona cuando reciba una sesión, os observéis para notar si hay cambios en vuestras emociones o actitudes.

Enviar una sesión de energía para que la persona la reciba en un día a una hora concreta

En ocasiones querrás enviar una sesión, pero tus horarios y los de la otra persona no coincidirán. No te preocupes; cuando comiences la sesión mentalmente decreta: «*esta sesión la recibirá el día XX a las XX horas*».

Visualízate a ti y al otro cuerpo conectados de corazón a corazón, dentro de una esfera de luz, y, cuando termines la sesión, el cuerpo grande que está en tu propio cuerpo se separará y se unirá de nuevo al cuerpo pequeño que está entre tus manos. El hilo de luz que os une se soltará y se disolverá. Y visualizarás como la esfera se eleva junto con el cuerpo energético de la persona dentro.

No te preocupes si no lo visualizas bien; lo importante no es la visualización sino la intención.

Enviar energía en grupo

Si tienes una reunión de varias personas, puedes visualizar que salen hilos de luz de tu corazón que conectan con cada una de ellas. En este caso la energía se envía al conjunto, por lo que no hay imágenes o sensaciones concretas.

Tratamiento con animales

Nuestras mascotas también pueden beneficiarse de esta energía. El modo es el mismo: una vez conectada con la Energía de Conversión a Tiempo o a través de tu intención, conectas tu corazón al suyo. Puedes elegir sanar un momento concreto, como harías con una persona. Basta con que pienses en el momento en el que el animal ha tenido el trauma y te mantengas unos minutos canalizando la energía. Podrás notar como se relajan. A veces hacen movimientos involuntarios con el cuerpo. Simplemente la energía está sanando aquello necesario.

Envío de energía para un asunto

También puedes desear facilitar una situación. En ese caso, mientras realizas tu propio autotratamiento, entre tus manos, en lugar de visualizarte en pequeño, visualiza una imagen que represente tu proyecto y continúa el tratamiento como siempre.

Puedes agregar el mantra de facilitar un proyecto (ver capítulo 11: mantras de Tildium).

Envío de energía a una parte concreta del cuerpo

Quizá mientras estás haciendo un tratamiento, la persona o tú mismo conozcas que existe una parte de su/tu cuerpo que requiere más atención.

Puede ser por una enfermedad o una dolencia. En ese caso, en vez de visualizar el cuerpo en pequeño entre tus manos, puedes visualizar el órgano o la parte del cuerpo en cuestión. Así la energía se dirigirá específicamente a esa zona.

Puedes usar los mantras y sellos (ver capítulos 10 y 11), tanto en la propia sesión para ti o para otro, para un asunto, o un animal, como por separado. Por ejemplo, si sientes que hay una mala energía cerca de ti, mentalmente dices el mantra de mala energía sin necesidad de hacer una sesión de energía. Siempre te ayudará y será un aliado en cualquier momento que lo necesites.

Esta energía es muy libre, así que siéntete cómodo para experimentar con ella.

10. SELLOS NAHISA

Ya has conocido a Nahisa. Ella es una conciencia que proviene, según sus palabras, de las estructuras o ciudades de Luz. Viene a recordar al ser humano quién ha sido y quién vendrá a ser.

Los sellos de Nahisa son imágenes que encierran un mensaje holográfico que te ayudará a abrir puertas. Son herramientas que aceleran tu proceso y trabajan de modo autónomo y amplio. Por ello no necesitas hacer nada, salvo relajarte, observar el sello, y después dejar que tus ojos se cierren mientras meditas por unos minutos. Pueden ser cinco o diez minutos, o incluso más, eso dependerá enteramente de ti. Una vez que entres en meditación o relajación, no hagas nada, simplemente disfruta el momento de recogimiento que te estás regalando.

Puede ser que a veces recibas un mensaje claro a través de un sentimiento o quizá una imagen. Otras veces no notarás ningún cambio; simplemente te sentirás mejor. En cualquier caso el sello siempre estará trabajando en tu interior, abriendo códigos ocultos que te permitirán sentirte más libre y llegar a mostrar lo mejor y más evolucionado de ti.

También puedes visualizar la imagen del sello en tu tercer ojo y dejar que actúe; podrás sentir calor, hormigueo, o presión, o nada. Igualmente el sello estará trabajando.

Dejaremos que sea Nahisa quien te presente los sellos y su utilidad. Nahisa es una integrante del Grupo de los Nueve que se ocupa de traer herramientas específicas ligadas a traumas pasados de la raza humana en general. Te ayudará con tus bloqueos en particular; la experiencia variará para cada persona, entregando justo lo que cada uno se permita recibir.

Primer sello: Sello de la verdad íntima y divina

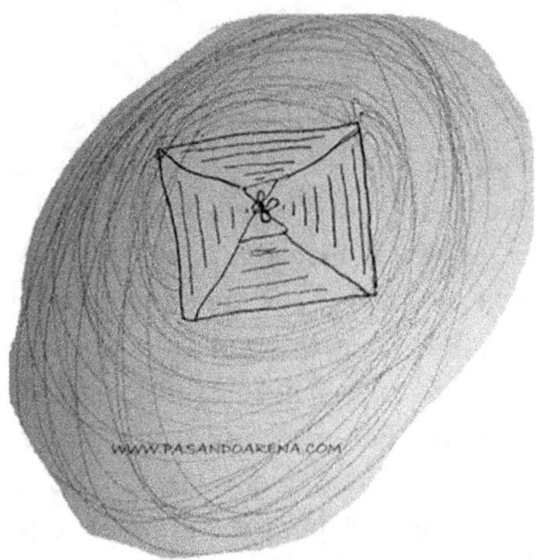

Figura 3. Sello de la verdad íntima y divina.

Habla Nahisa, integrante del grupo de conciencias que elegimos llamarnos conjuntamente Grupo de los Nueve.

En este momento vengo para transmitir una enseñanza antigua que nace del sentimiento de la Humanidad de recordar y transmutar.

Esta imagen es un sello y te ayudará a que destapes las memorias olvidadas, aquellas que en el aquí y ahora eres capaz de afrontar y liberar.

No temas, solo te llegarán aquellas que necesites en este momento, aquellas que es de importancia que recuerdes.

No juzgues su contenido. Podrán aparecer imágenes, sentimientos o palabras; dependerá del nivel de calma al que seas capaz de acceder.

Esta herramienta sirve para que integres tus partes abandonadas. Algunas no las querrás; recuerda que entonces estarás juzgando. Otras te parecerá que ya las co-

nocías y te gustarán. De nuevo recuerda: no juzgues, pues sean positivas o negativas, eso suscitará un enganche a tu personaje y sirven justamente para liberar, no para que te atrapen.

La manera de activar el sello en ti es observar la imagen, en calma, sin pensar cuál es su significado o identificarlo con algo conocido. De hecho no lo has conocido, no es lo que parece, simplemente déjate llevar.

Cuando estés en calma, sumergido en la imagen, entonces, en voz alta, o mentalmente di: AK OT SUM.

Hazlo una vez al mes y permite que el proceso comience, ábrete a tu experiencia. Puede llegar incluso mientras duermes, en el momento de la relajación, o durante una meditación.

Esperamos que esto te ayude en tu proceso de toma de poder, de retorno a ti mismo, de vuelta a tu hogar.

Con alegría y pasión, Nahisa.

Segundo sello: Sello del silencio

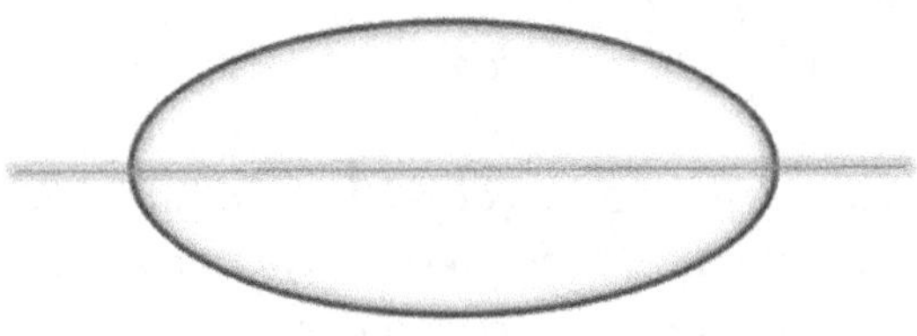

Figura 4. Sello del silencio.

Habla Nahisa. Hoy traigo conmigo la fuente de la esperanza. Sé que hay dentro de ti muchas voces; algunas son inmediatas, ni siquiera las piensas, simplemente ocurren.

Una es la voz de la supervivencia, y si la sigues al pie de la letra, te infringirá mucho dolor. Esa voz habitualmente tiene miedo, y si se siente amenazada —cosa que ocurre casi siempre—, actúa de modo inmediato atacando al intruso, aquel que siente que le robará su felicidad. Así, cuando ves un insecto, el primer impulso es aplastarlo, sacarlo fuera de la vista, cuando muy probablemente no puede y no va a hacerte nada.

La segunda voz es la del corazón, que te hace parar un segundo y decidir qué vas a hacer. Esa voz es tierna y muchas veces no tiene sentido lógico; habla con la sabiduría divina que sí tienes en tu interior. Esa es la voz que nunca se equivoca; aunque no siempre puedas ver sus efectos inmediatamente, siempre triunfa. El amor siempre es la respuesta.

La tercera voz es la de la lógica, es la que te dice lo que se supone que deberías hacer, y será diferente dependiendo de tu cultura, de dónde hayas nacido y de lo que hayas aprendido.

Hoy voy a traerte una herramienta que te permita silenciar las voces para que la paz y la calma comiencen a ser tus amigas inseparables.

Es sencillo, tan solo tienes que visualizarla por unos minutos al día en silencio. No necesitas música, pues eso solo activará de nuevo las voces en tu interior. Solo visualízala y mantente en silencio. Después continúa con tu día sin más, verás poco a poco los resultados.

Te volverás más reflexivo, dormirás mejor, la ansiedad se irá alejando, y al final podrás verte a ti mismo desde otra óptica.

Así te encontrarás a veces reflexionando sobre la actitud que tomas habitualmente, y sin juicio de valor, te reirás de ti mismo. Podrás identificar las razones que te llevaban a comportarte así para llegar a verte con ojos más bonda-dosos.

La respuesta siempre está en el amor.
Con orgullo y cariño, Nahisa.

Tercer sello: Sello de la abundancia

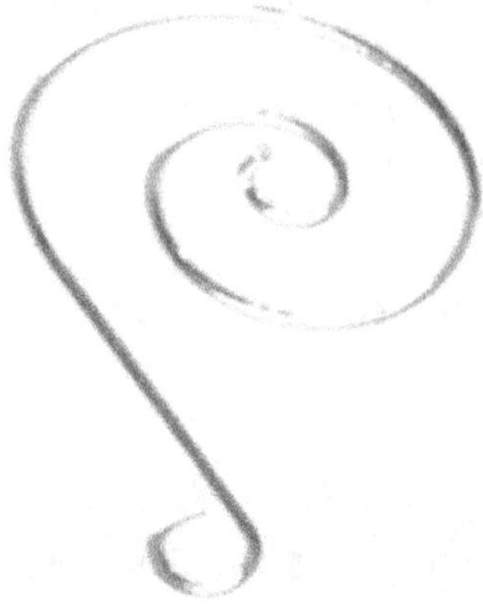

Figura 5. Sello de la abundancia.

Habla Nahisa, y desde el fondo de mi corazón, puedo sentir la alegría que nos conecta. Estamos ahora compartiendo un espacio infinito, donde recordamos la Abundancia del Ser. Y es por eso que hoy estoy aquí.

Vengo a recordarte que no puedes ser escasez, pues eso no forma parte de tu naturaleza. La escasez es un concepto que tu sociedad, al enfermar, te ha vendido como cierta.

La escasez no es más que la falta de un recuerdo, el recuerdo de la grandeza que llena tu ser. Tu ser interior es aquel eterno y vibrante que es capaz de las más grandes hazañas tan solo por experimentar.

Por eso te brindo hoy este recuerdo. Es posible que no sientas nada o que lo confundas con algo que nunca fue.

Yo estoy aquí para recordarte que la espiral, conectada con tu propia profundidad, es como un hermoso nido donde todo se gesta.

Cuando visualices esta imagen estarás recibiendo chispas de recuerdos de un momento y un lugar donde no existía el dinero. Y, desde luego, donde no podías sentir la escasez, porque sentías la unidad con el Universo.

La escasez vino de la separación. Ahora, de lo mucho y desmembrado podrás retornar a la Unidad.

Con armonía, Nahisa.

Cuarto sello: Sello de la perfección

Figura 6. Sello de la perfección.

Cuántas veces, mi querido ser humano, has sentido que tenías que hacerlo mejor. Y justamente en ese hacerlo mejor, lo hacías cada vez peor.

Esta imagen sirve para despertar en ti la memoria de la sencillez, donde lo sencillo significa útil y perfecto. Cuando la perfección se entienda como un concepto de amor, entonces dejarás de minar tu autoestima en busca de valores falsos.

Esos valores son creencias arraigadas en ti que te generan sensación de inseguridad y de desamor. Y yo te digo: ¡Nunca más!

Alza la mirada y siente tu corazón palpitar; ya no te juzgues más y el amor, la estima, el cariño y el cuidado, crecerán de nuevo en ti.

No se perdió aún la esperanza, porque lo que simplemente es no puede ser extirpado. Aún con todos los esfuerzos de tu sociedad, no puedes olvidar lo valioso que eres.

La perfección no es más que amor. Recibe ahora mi amor y recuerda,

Nahisa

NOTA: Puedes sentir que una gota de agua cae sobre tu cabeza mientras trabajas con el sello, te ayudará a relajarte.

Quinto sello: Sello del caos

Figura 7. Sello del caos.

¿Quién quiere un poco de caos en su vida? Seguro que tú no (risas) y, sin embargo, necesitas conectar con la visión holográfica del caos.

El caos es la visión que te permite interpretar de forma opuesta a la racionalidad y por ello es muy necesaria en estos momentos.

Hace eones de tiempo conectabas con la naturaleza y la sentías, podías ver los patrones de la vida en todo. Sin embargo, un día comenzó la desconexión. Esa desconexión creció cuando la racionalidad y la lógica se impusieron y dejaste de sentir y «pensar» con los dos hemisferios del cerebro.

Con esta imagen, te devuelvo tu capacidad para que puedas desconectar de la lógica racional y recuperar la interpretación loca de la realidad.

Para ello deberás soltar las ataduras que tan fuertemente te unen a tus creencias. Pero no te preocupes, pues esta imagen te devuelve el holograma de la libertad para que simplemente retornes a la conciencia prístina de la conexión.

Ahora puedes conectar tu sentir con tu «pensar», creando así tu nueva realidad.

Desde la simplicidad y el recuerdo masivo y universal, Nahisa.

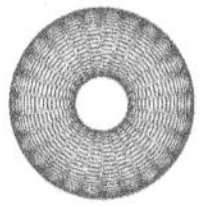

11. MANTRAS TILDIUM

En otra ocasión pregunté sobre el concepto de crear a través de la palabra y cómo las frecuencias del sonido y del color influían en esa capacidad. Entonces la voz de Tildium resonó en mi interior. Me confirmaba el valor que tiene la voz usada correctamente y cómo modula el mundo, que en última instancia también está formado por frecuencias.

Las palabras son importantes; la vibración es sonido, y color. Lo que se dice y cómo se dice ordena el Universo o no causa nada. La devoción, la oración y los cánticos son herramientas útiles para la entonación.

Los mantras de Tildium sirven para materializar algo en tu vida. Tildium es una conciencia que proviene de Arcturus; su trabajo sería lo que podemos entender como el de un científico. Su función en el Grupo de los Nueve es enseñarnos a materializar a través de la conciencia y las frecuencias.

En algunas ocasiones, enviando una sesión de energía a alguna persona he sentido que estaba bajo la influencia de una energía muy densa y negativa. Estas energías pueden ser algo enviado como un trabajo oscuro conscientemente por alguien, o simplemente un pensamiento recurrente negativo como envidia o celos.

Este comienza a densificarse en el cuerpo áurico de la persona, ralentizando y obstaculizando su bienestar. Solo puede «engancharse» a su cuerpo energético si está también vibrando, aunque sea en parte, en una frecuencia similar. Esto puede ocurrir si está pasando una mala racha, una enfermedad, etc.

La manera de solventarlo es sencilla: mientras estás enviando la sesión (para ti o para otra persona), mentalmente o en voz alta, vas repitiendo el mantra específico, visualizando el color y usando la nota musical como tono para verbalizarlo.

Úsalos siempre que sientas que necesitas esa ayuda para materializar en tu vida salud, prosperidad, protección, en un embarazo o incluso liberar obstáculos en un proyecto o situación que te preocupe.

No hay que hacer nada más; los mantras trabajarán para ti. Tienes una meditación guiada con los mantras en la zona gratuita de mi web, llamada «mantras sanadores».

Mantras

- Para materializar salud: IN SATA KAA
  Color verde, frecuencia FA
- Obtención de abundancia y prosperidad: AT SOL IUM TUM
  Color rojo, frecuencia DO
- Creación de protección: OK OR AT IS
  Color morado, frecuencia SI
- Facilitar un proyecto: ET AS OR OK
  Color naranja, frecuencia RE
- Romper malas energías: OTS SIS TIUM TOL
  Color azul, frecuencia SOL
- Facilitar un embarazo: LAL BA DI UM
  Color rosa, frecuencia FA

Ahora voy a darle la palabra a Tildium para que extienda la información acerca de estos mantras.

Saludos, habla Tildium. He sido convocado para desarrollar el uso de la capacidad de materializar que contiene en sí mismo el ser humano.

Largo tiempo atrás, tu raza conocía la conexión con la naturaleza y usaba sus dones para participar de ella. Hoy solo quedan vestigios de ese conocimiento en algunas tribus nativas, que honran a su presa cada vez que la cazan y solicitan apoyo en sus necesidades de agua, cobijo y sustento a través del agradecimiento.

Se ha perdido el auténtico significado de la creación y es por eso que estoy aquí, para compartir un conocimiento antiguo que resonará en tus células. Allí donde aún se guardan los recuerdos de lo que antaño fue.

Eres capaz de incidir en tu entorno y lo haces constantemente. Tu sociedad ha creado un velo intrincado de ignorancia sobre esto, pues sin él no sería capaz de controlarte. El mejor modo que hemos encontrado aquellos que queremos ayudaros a recordar la grandeza que has tenido y a la que retornarás, es aquella en la que trabajamos con cada individuo para que él mismo se convierta en su propio salvador.

Si crees en el mito de aquel que vendrá a solucionar todos los grandes problemas de la Humanidad o de aquel que traerá la paz, o incluso de aquel que se llevará a otro lugar mejor a sus seguidores, entonces estas herramientas me temo que aún no son para ti.

Debo recordarte que tú eres el creador de tu vida y que intervienes en tu entorno a cada instante.

No hay nadie mejor que tú para rehacer todo aquello que no te gusta generando un sentimiento de poder y responsabilidad dentro de ti.

Cada vez que hablas estás usando el poder de la palabra. Cada vez que piensas estás activando hilos de energía que te conectan con aquello que has ideado. Generas un campo de energía a tu alrededor, y con tu sola presencia, influyes en un lugar, al igual que en las personas con las que estás.

Ahora quiero brindarte de nuevo el conocimiento que perdiste, que seas consciente del gran poder que tienes. Cada vez que emites un juicio, estás creando lazos con ese juicio; si tu aseveración es clara y contundente, si realmente crees que es así, estás produciendo un acercamiento en las líneas de la posibilidad.

Tu forma habitual de comunicarte tiene un cierto poder como acabas de ver. Esto es debido a que la realidad está formada por capas y capas de posibilidades y aquella con más peso es la que termina imponiéndose al final. Si unes el pensamiento de miles de personas juzgando algo están posibilitando que la realidad genere de algún modo esa realidad. No existe una sola verdad, sino múltiples capas de ella.

El conocimiento verdadero es aquel que unifica tu capacidad oral con las vibraciones presentes en el Universo. El color y el sonido son aquellas a las que puedes acceder fácilmente. Por eso en las tradiciones religiosas se solía usar el canto para la misa, aunque luego se cambió al modo oral. En el primer modo el resultado era mayor y más potente.

Si además concuerdas con la frecuencia de color que se comunica en armonía con aquello que quieres expresar, entonces estás creando fuertes lazos con la posibilidad de tu realidad.

Siempre que quieras crear algo en tu vida debe formar parte de tus creencias internas, pues si generas una afirmación de salud y en el fondo de tu ser no sientes que eso sea posible, es como hacer un apetitoso pastel para después tirarlo a la basura. El componente energético se corta si no va unido con tu sentimiento de validez en esa que es tu realidad.

Te propongo un sencillo modo de comenzar. Cuando quieras crear algo con los mantras que te he facilitado, elige un momento de calma y deja que te invada el sentimiento de plenitud. Eres capaz, puedes usar un recuerdo donde te sentiste así, o incluso la imagen de una persona que sí se ha sentido así. Las maneras en que consigas llegar a ese estado son infinitas y están todas a tu disposición. Las emociones y los sentimientos son frecuencias y por ello son modificables e influenciables. No dudes, simplemente ponte a ello, confía en mis palabras porque ya lo has hecho en muchas ocasiones que aún no eres capaz de recordar.

Una vez que hayas llegado a ese estado, canta con alegría el mantra, siente el color inundándote por completo. Conecta con la imagen de aquello que quieres conseguir y deja que la felicidad y el merecimiento te llenen.

Si no puedes hacerlo en voz alta, sueña que cantas, como cuando de niño soñabas despierto historias de aventuras. Eres capaz, siempre lo has sido y siempre lo serás.

No hay más que explicar por este momento. Cuando culmines tus logros, recuerda las dudas que amenazaban con hacerte fracasar antes incluso de comenzar. Así recuperarás de modo definitivo tu poder, sintiendo como se afianza el conocimiento de una nueva realidad.

Con alegría y convencimiento, tu amigo Tildium.

12. PROCESO DE LIBERACIÓN DE ENERGÍAS NEGATIVAS O DENSAS

En esta ocasión, serán dos componentes del grupo, Uriel y Tildium, los encargados de impartir esta enseñanza. He encontrado a lo largo de mi camino muchas personas que sentían que algo malo estancaba sus vidas. A veces tenían claro qué era y otras simplemente era una intuición. Yo también he sufrido algunas situaciones de ese tipo y solicité un proceso con el que cualquier persona pudiese liberarse de las mismas sin miedo a las represalias, sin necesidad de protocolos largos y tediosos, y que ensalzara la capacidad y la libertad inherente al ser humano.

Ahora te presento el ejercicio u operación energética que nos han regalado.

Saludos mis queridos, os habla Uriel. Conozco vuestros miedos y pesares. Desde hace milenios, existen formas de energía que atenazan vuestra existencia. Ha habido numerosas vías de contacto que han proporcionado herramientas en ayuda a la Humanidad.

Hoy ha llegado el momento de entregar una nueva herramienta, nueva solo por el momento en el que se entrega, pues ahora la Humanidad comprende conceptos sobre sí misma que antes no se podían abordar, precisamente por el miedo.

El miedo que más os aterroriza es aquel que os dice que no podéis hacer nada, que estáis solos en el proceso y a merced de cualquier otro. Siempre es el «otro» el que sí conoce.

Hoy venimos a ayudaros para que de nuevo retoméis vuestro poder y olvidéis la sensación de no poder.

Yo, como componente del grupo, me ocupo de trasladar esperanza a la Humanidad para que pueda ver dónde está esa actitud que le impide a sí misma ser feliz. Ayudo a transmutar esas energías de duda y desaliento en alegría por lo que tenga que venir y aporto fuerza.

Por eso formo parte de la instrucción en esta herramienta de liberación de espacios y de uno mismo, del azote de las energías que estacan vuestra vida.

En ocasiones se las han llamado demoníacas, otras brujerías, otras de bajo astral. En conjunto siempre han sido lo mismo.

Existen entidades de energía de baja frecuencia cuyas motivaciones son justamente hacer descender las energías de la Humanidad. Nosotros los llamamos el «equipo oscuro», pues en parte forman parte del equipo del Creador Principal y en parte os ayudan también a que evolucionéis y recordéis cuál es vuestro mayor poder. Ellos eligen un modo, el de desafiaros, el de llevaros al límite, y después el de observar y esperar, siempre acechantes.

Nosotros hemos elegido un modo más cálido, el de la comprensión y el amor. Nuestro modo en ocasiones tiene resultados más lentos y en ocasiones el equipo oscuro consigue movilizar más rápido y certeramente el alma humana en cuestión.

Todo es perfecto si eres capaz de enfocarte más en el proceso completo como evolución del alma y no como evolución del ser humano. Lo comprendemos, es duro, y además es también bello ser consciente de cada existencia que eliges tener, de vivirla y disfrutarla. Por eso hoy estamos aquí.

Por mi parte he agregado al proceso mi energía de transmutación, de manera que cada vez que lo uses, una parte de ti se transforme en luz y una parte de aquella ener-

gía densa implicada se traslade a otro lugar, aquel adecuado. De este modo se irán liberando espacios en el planeta; no solo aquellos que afecten a tu situación personal, sino los que se han ido acumulando a lo largo de los milenios.

La Tierra está plagada de estas energías que no han podido continuar su camino por no ser bien comprendidas. El sentir miedo cada vez que observas una figura brumosa que parece un ser humano de otra época y que para tu cultura es lo que denominas un fantasma, mantiene esa energía en el lugar.

Ya no se trata de interaccionar con ella, y como si fuera un humano, pedirle que continúe su camino. Ahora tú mismo asumes la parte de responsabilidad que tienes en ello.

Has tenido muchas existencias y es a ti al que se le están mostrando. ¿No puede ser que hayas formado parte de esa experiencia en el momento en que se generó? Ahora podrás tomar tu parte de responsabilidad, y a través de tu paz, la energía se liberará.

Con el mismo proceso podrás liberar energía densa enganchada a tu cuerpo áurico proveniente de otras personas, lo que denominas envidias o mal de ojo. Y también aquellas conjuradas por otros para causar daño, los trabajos oscuros. La casa donde vives, el lugar de trabajo, una zona donde viajes, cualquier parte de la Tierra donde se necesite hacer una liberación, podrás ahora intervenirla con este proceso.

Queremos devolverte la libertad que es tuya y es el momento de liberarte de ataduras para que puedas hacer el proceso de empoderamiento por ti mismo.

Ahora toma la palabra mi compañero de viaje, Tildium el científico. Él te mostrará los detalles de esta nueva forma de liberación.

Saludos a todos los que habéis decidido avanzar. Estoy muy orgulloso del paso que has dado. Has dirigido tu voluntad, tu voz y tu intención hacia el lugar al que nadie quiere mirar, y por eso nosotros honramos tu valentía.

Voy a enseñarte los detalles del proceso de liberación de energías, para ti y para tu entorno. El proceso será siempre el mismo; en ocasiones tendrás éxito inmediatamente, otras tendrás que insistir un poco más. Sin embargo, el hecho de estar aquí, leyendo estas páginas, te acerca más a la posibilidad del triunfo de lo que nunca habías estado.

La clave es la diferencia con otros sistemas, donde se quiere erradicar o eliminar la energía en sí. Tampoco se produce una protección, sino que te fundirás con la parte que te corresponde, en el origen de esa energía que te afecte o se presente ante ti.

Puedes usarlo para ti o para otras personas, lugares, edificios o situaciones. Si sientes que hay una energía que te está estancando o molestando, es el momento de usar la técnica:

- *Comienzas abriendo la sesión de Energía de Conversión a Tiempo 0*
- *Observas la forma energética, o piensas en cómo esa energía está influyendo*
- *Imaginas entre tus manos una esfera de un rosa chicle, muy intenso, que envuelve a esa energía*
- *Enlazas un cordón de tu corazón a la esfera, sintiendo amor*
- *Dentro de la esfera aparece el símbolo que conoces como PI*

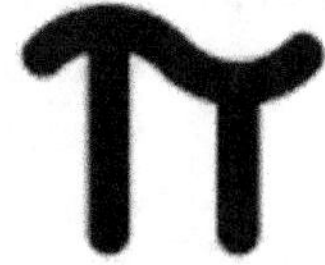

Figura 8. Letra Pi.

- *Envíale tu amor porque has aceptado la responsabilidad de su presencia. Recuerda que en un grado que desconoces, formas parte del propósito de esa energía, está ahí por y para ti*
- *Te quedas un par de minutos dejando que la esfera rosada ablande la intensidad de dolor de esa energía*
- *Olvídate de quien eres, de tu contexto, de tus ideas. Ahora tan solo eres un alma eterna en un espacio vacío, que compartes con la esfera y la energía*
- *La esfera se extiende hasta que te rodea a ti también. Te quedas inmerso junto con esa energía en la esfera rosada. Sentirás paz y calma*
- *Después de un par de minutos, dentro de la esfera puedes ver como se abre un vórtice de luz blanca al fondo de la esfera. Este vórtice aspira todas las energías densas que quedan*
- *Al final, el vórtice se va cerrando una vez que ha aspirado todo. En el hueco de luz que aún queda, se coloca el símbolo de la flor de la vida, en el mismo color rosado*

Figura 9. Símbolo de la flor de la vida.

- *La forma de energía ya no está, o está representada por una forma transparente*
- *La esfera se reduce de nuevo hasta tus manos y el cordón que la unía con tu corazón se deshace*
- *La esfera se disuelve*

Ya has terminado el trabajo.

Esta operación energética puedes hacerla cambiando la idea o energía de la esfera. Puedes hacerla colocando una imagen de tu casa, de un lugar, de una situación, de una relación, o de lo que sientas que no está libre de energía densa.

Deseamos que te liberes de ataduras innecesarias que oscurecen tu luz y tu propósito. Para ello el primer paso es que seas consciente de tu propia responsabilidad en esa creación, seguido del componente de amor, que es tu propia naturaleza.

Nos despedimos, no sin antes dedicarte una sonrisa de corazón,

Uriel y Tildium.

13. ESTUDIO DE ENERGÍA CON VOLUNTARIOS

Cuando comencé a trabajar con la Energía de Conversión a Tiempo o me di cuenta de que tendría muchos más usos de los que yo le estaba dando aplicándola para mí misma. Para comprobar mi corazonada convoqué a un grupo de voluntarios a participar en un estudio sobre las cualidades y los usos de esta maravillosa energía.

Se reunió un grupo de edades comprendidas entre los veintisiete y los cincuenta y seis años de edad, con todo tipo de profesiones diferentes, solicitándoles que escogieran un objetivo que quisieran alcanzar, así como el día y la hora a la que querían recibir la energía.

El funcionamiento era sencillo: yo les enviaba la sesión de energía junto con un informe de las sensaciones, imágenes o mensajes que había recibido durante la misma. Después debían responderme comentando cómo había sido su experiencia, así como los cambios que notaban en sí mismos a lo largo de la semana. El estudio se realizó con doce voluntarios que recibieron una sesión de veinte minutos a la semana, durante un mes.

Quiero compartir contigo las conclusiones del estudio. Para preservar la privacidad de las personas, los nombres utilizados son ficticios.

En el encabezado de su informe se les enviaba la siguiente anotación para que comprendieran el modo en que actúa la energía y dónde debían poner atención:

«Aquí tienes tu informe, espero que lo leas con calma y, después de sentir si te resuena, me escribas de vuelta. Tomo nota de todo lo que me has comentado sobre ti, tus

dolencias y tus objetivos a conseguir. No te preocupes si no sientes nada en concreto, ya que igualmente la energía está trabajando en ti. Las sensaciones variarán a medida que te vayas liberando de ataduras y conectando más con el corazón.

Igualmente te pido que durante la semana, hasta la siguiente sesión, te observes internamente para notar si se efectúa algún cambio significativo, referente al objetivo, a tus actitudes habituales o a tu estado físico y emocional en general. El día antes de la siguiente sesión me lo envías.

En el informe que te envíe resumiré lo que perciba en cada sensación, ya sea una imagen o un mensaje recibido. Cuando hable de que noté mucha energía, o dolor, o frío, significa que esa zona del cuerpo se está sanando. Las imágenes pueden hacer referencia a temas que estés asimilando de lo que te preocupa actualmente, o incluso de vidas pasadas. Tan solo anotaré la imagen; no le asignaré una interpretación a no ser que me haya llegado una sensación clara.

Los mensajes son frases que escucho internamente en un momento de la sesión. Suelen ser un mensaje para el receptor. Puedes trabajarlos como una afirmación que repitas mentalmente a lo largo del día y sentir si te resuena con tu situación actual».

Para no hacer pesada y larga la lectura, tan solo citaré algunos casos. De este modo podrás comprobar los diferentes modos en los que trabaja esta maravillosa energía.

Primer caso: Esmeralda

Mujer, 27 años. Objetivo: conocerse mejor. Dolencias: fibromialgia y desajustes menstruales.

Envío de la primera sesión:

Noté energía en general hacia el cuerpo, sobre todo en la cabeza, el oído izquierdo, la frente y el entrecejo, así como una expansión en el plexo solar.

Hay apegos en las relaciones emocionales pasadas, como si hubiera una búsqueda de un ideal de amor, más cercano al de las películas que a la realidad. Esto provoca que entres en drama personal por no tener o conseguir lo que quieres en ese ámbito.

Al final eso genera un alejamiento de la realidad, una fuga. Lo que aparece es lo que se está sanando, justamente las creencias que lo generaban.

Respuesta:

Todo lo que escribiste en el informe tiene sentido para mí, hasta el oído izquierdo. Recientemente me he quitado un *piercing* del tragus de la oreja y se me infectó y aún se está curando. Con respecto a las relaciones amorosas... simplemente quiero que mi pareja me dé todo lo que yo le doy, y él cree que el dinero cura su falta de atención, pero no es así. Actualmente yo tengo mucho que hacer y él también, y la relación va bien aunque siento que es una relación muy aburrida aunque ahí sigue por el cariño de los años.

Con respecto a lo que he sentido y experimentado esta semana, he tenido una visión clara del por qué de mis desajustes hormonales y mi defecto en los pies: desde muy pequeña me gustaban los deportes que por entonces solo eran de chicos, como el judo y el fútbol, y era muy buena en ellos, pero era la única niña que los practicaba y lo único que hacían los niños era tratarme mal por ello. Con lo cual desde pequeña he tenido un mantra interior de que ser mujer es malo y eso me ha producido odiar todo lo relacionado con la mujer y el medio a través del cual podía jugar, que eran mis pies. Para no poder mostrar mi feminidad a los demás, tengo acumulación de grasa en las caderas, lo que me hace tener que vestir ancho y con jerséis o camisetas largas para tapar esa zona y no poder resaltar mi feminidad.

En el plano físico, no entiendo por qué, pero me encuentro tan mal como hace mucho tiempo: me duelen mucho el cuello, la cabeza, las caderas y las rodillas. Ahora mismo antes de empezar con todo lo que tengo que hacer me haré una buena sesión de Reiki para saber en qué y cómo puedo mejorar para no sentirme dolorida.

Envío de la segunda sesión:
Esta sesión la he enfocado a que te sientas libre de hacer cualquier cosa que quieras, que no sientas ataduras innecesarias o sensación de que no puedes, para que puedas ver con ojos verdaderos tu vida. En vez de simplemente dejar que fluyese, he sentido que debía ser así.

Respuesta:
Mis percepciones físicas han sido claramente tres: un rayo de luz, como un sol, que salía a través de mi tercer ojo, y también como si sintiera como que mis costillas se separaran y quedara un enorme hueco desde el chacra corazón hasta el plexo solar. Es una sensación extraña y no sé si me expreso con claridad. La tercera percepción han sido ráfagas, como hilos que subían desde mi cuello hasta la base del cráneo.

Por último, tras estas percepciones, he sentido una enorme paz conmigo misma.

Por otro lado mi mensaje ha sido claro: sana tu infancia y sanarás tu presente.

Tu informe no lo he leído hasta algo antes de comer, pero no puedo estar más de acuerdo; esta mañana he estado en un seminario sobre violencia de género y responsabilidad penal del menor y he sentido que tenía que volver a vestir como lo hacía antes, hacer el deporte que hacía antes y salir a bailar como lo hacía antes. Y que tengo que, tras este grado, hacer otro y en definitiva volver a ser esa persona risueña y feliz que era hace años.

No entendía por qué me venía todo esto de golpe, pero tras leer tu *email* lo he entendido.

Sensaciones durante la semana:
Tras la sesión del miércoles, lo que he ido experimentando a lo largo de la semana es tener claro quién soy, que me gusta la persona feliz y risueña, sociable con todo el mundo, feminista, inconformista y luchadora que he sido siempre y que debo seguir siendo. Me reafirmo sabiendo decir no a aquello que no quiero hacer y que si hiciera sería por no quedar mal. A nivel físico me siento bien, excepto porque a lo largo de la semana tuve una fuerte menstruación, y con ella en treinta días van tres veces y me cansa física y psicológicamente muchísimo.

Envío de la tercera sesión
En la sesión he sentido calma, al inicio una molestia en la garganta, más tarde algún pinchazo en el estómago, en el lado izquierdo, y en el riñón también en el lado izquierdo. Durante el resto del tiempo vi una imagen de un árbol y sentí que te enraízas al poder femenino, el de la creación. Por eso dejas de lado la niña, para acoger la mujer sabedora de su poder.

Respuesta:
Esta semana ha sido una confirmación de todo lo que he sentido desde el principio del tratamiento; he liberado mi personaje, mi Yo. Siendo sociable, dulce, tranquila y afectándome poco o nada lo que piensen de mí o a no ser políticamente correcta, siempre desde la postura de respeto a todos.

A nivel físico, salvo por el dolor de garganta que lleva conmigo una semana, estoy genial.

Envío de la cuarta sesión:

En la sesión de hoy he notado energía en los pies, asentándote y conectándote con la Tierra. Luego también en los muslos. Además comencé a notarlo en el rostro, en la zona de los ojos, como abriéndose para que pudiera ver las cosas con claridad. También trabajó en el timo. Sensación de calma y de conclusión, como que todo estaba hecho.

Conclusión final del participante:

Este mes me ha servido para liberar mi verdadero personaje, mi esencia, mi Yo. Ha sido fundamental en mi camino del autoconocimiento personal, a nivel físico, mental y espiritual.

Segundo caso: Claudia

Mujer, 54 años. Objetivo: conseguir sus sueños y pasar a la acción. Dolencias: problemas de peso y reflujo esogástrico.

Envío primera sesión:

He notado mucha energía sanando el cuerpo físico, envolviendo todo de paz y equilibrio. Vi muchas imágenes de ruinas, como grabados de piedra egipcios. También un gran triángulo que me habla de una unión de mente, espíritu y cuerpo, más equilibrado que hasta ahora.

Noté especialmente energía en la zona de la cabeza, nuca, pómulos y plexo solar (al inicio de las costillas). En general una gran sensación de paz y serenidad.

Respuesta:

Hola Cristina, estoy muy impresionada con la sesión y te cuento por qué. En ella yo estaba tranquila y solo he notado una sensación en la nuca que me ha subido al pómulo y ojo izquierdo y que se ha mantenido en la frente; luego he sentido un calor en el plexo solar. Yo esperaba una sensación en la coronilla como la vez anterior, pero no ha sido así. Mis pensamientos eran sobre la autoestima y el reconocimiento de todos como iguales, ni mejores ni peores.

Me he levantado del sofá como un resorte y he mirado el reloj. Eran las 11.22 h. He mirado la página de Internet sobre un hombre por el que siento mucha admiración y deseo; es un actor, y cuando he mirado las fotos he visto otra persona diferente de la que veía antes: tenía muchos defectos que no había visto y ha sido como si despertara de un sueño.

Me ha llamado mi hermana para preguntarme qué tal; le he dicho donde había sentido algo en el cuerpo. Me ha hablado de una cuñada con un problema médico en los ovarios, y mientras me contaba problemas físicos yo todo lo traducía en mi cabeza, enlazándolos con emociones y sentimientos, y he pensado que ella tenía un bloqueo del agua a nivel espiritual. Como no sabía qué era eso, he buscado en Internet y he encontrado una página de yoga donde he leído un texto que me hablaba del segundo chacra; al leerlo he visto a mi cuñada allí, pero también me da explicación a algo que me ha preocupado siempre y que no podía controlar. Me he dado cuenta de que tengo una alteración de ese chacra, y eso ha dado respuesta a muchas preguntas sobre mi supuesta niñez de abusos; no consigo recordar imágenes, pero sí tengo ideas y consecuencias de ello.

En fin, gracias Cristina, y que sepas que con catorce años junté mis ahorros para comprarme un libro sobre el Triángulo de las Bermudas, que fue una revolución para mí. Entendí todo lo que me pasaba con doce años con los números y mi fascinación por la civilización egipcia, y sobre todo por los extraterrestres, con los que durante mucho tiempo creía conectar.

Respuesta:
La energía abre tu intuición, a medida que te libera de creencias que te estancan.

Envío de la segunda sesión:
Se movió mucha energía a lo largo de toda la sesión. Al inicio se centró en el hueso que une el cuello con la columna, después pasó a la cabeza.

Luego sentí una sensación como de alegría y apareció la imagen de una mujer entre treinta o treinta y cinco años, cabello castaño, recogido, bien parecida. No sé si tiene que ver con una sanación referente a esa relación, o bien con el nuevo período de cambio que parece que viene para ti. De cualquier modo, mucha energía y regeneración.

Respuesta:
Al comienzo de la sesión he pensado que necesitaba autoestima y encontrar mi valor; he sentido energía en la mandíbula izquierda y en el cuello; he sentido que tenía algo que decir y que ahora podía hacerlo.

Después me ha venido la imagen de una mujer al borde de un volcán; la obligaban a tirarse. Era yo, y cambiaba el sentimiento de falta de valor que experimentaba al pensar que me tiraban porque mi vida no valía nada, y aparecía el sentimiento de tener un gran valor al hacer ese acto, porque era un ofrecimiento a un Dios al que le ofrecían a alguien valioso.

He sentido alegría y consuelo. He acabado con energía en mis manos y brazos subiendo por mi cuerpo.

El día 8 terminé la sesión a las 11.22 h levantándome del sofá de repente, no pongo alarma. Hoy me ha pasado lo mismo: he mirado el reloj para ver si había llegado la hora de terminar y eran las 11.22 h. Pero ha pasado una cosa extraña, además de la de coincidir en la hora. He mirado el número sorprendida unos segundos, no más de tres, se ha apagado la pantalla del móvil, le he dado con el dedo para encenderla y marcaba las 11.24 h. Dos minutos se han volatilizado. No es broma ni estaba dormida.

Respuesta:
Muy importante tu experiencia, la de los números; son mensajes de tus guías. Por eso ocurren cosas aparentemente ilógicas, para que te des cuenta de que están contigo acompañándote y ayudándote. La próxima vez que veas un mensaje similar (puedes ver los números en otro sitio y sentir que son ellos), mentalmente puedes decirles gracias por estar conmigo, o lo que sientas, así reafirmas el vínculo.

El resto de la experiencia es un mensaje claro: estás comenzando a valorarte a ti misma, liberando aquellos temas que guardabas, ¡¡muy bien!!

Envío de la tercera sesión:
Noté muchas palpitaciones durante la sesión; los latidos del corazón se sentían muy fuertes. Eso ocurre cuando se libera mucha energía densa del cuerpo energético. En algún momento sentí molestias en la parte baja de las piernas, y muy brevemente en la cabeza. Mucha energía durante toda la sesión.

Respuesta:
He hecho la sesión mientras me habían puesto el par biomagnético. Tenía cita a las 10.00 h y se ha alargado, por lo que me has pillado con varios imanes puestos. Estaba sola y con la alarma de mi móvil sonando, ya que la tenía puesta para avisarme de tu sesión.

Antes de las once noté palpitaciones en el corazón. Luego no he podido relajarme y me ha molestado la pierna izquierda hasta el pie, y en la garganta notaba algo extraño que no podía tragar. Muchas gracias por tu energía.

Sensaciones durante la semana:
Desde hace unos días me están pasando cosas que hacía mucho no me ocurrían.

Pedí en tus sesiones poder quitarme mis trabas y conseguir mis sueños, cuando vi la escena del volcán y descubrí que era valiosa; había pedido recuperar mi autoestima, que no sabía ni dónde la tenía.

En estos días he asistido a un curso de crecimiento personal, cuando antes era incapaz de ir porque me moría de miedo de ser rechazada. Desde hace mucho tiempo, cada vez que iba a algo parecido sentía que no caía bien y me veía sola en los sitios a los que asistía.

Los hombres me daban miedo y tenía la sensación de ser invisible para ellos; nunca veía una mirada hacia mí, notaba rechazo.

Bueno, pues en el curso he notado que iba sin miedo; he podido estar cerca de ellos sin notar preocupación.

Todas las personas me parecían iguales que yo; antes siempre los veía superiores. He hablado con gente profesional de la psicología y otros campos, sin sentirme inferior por no tener profesión ni trabajo y tan solo poseer estudios básicos.

La gente se acercaba a mí y yo notaba su agrado. Me veía como si tuviera un foco de luz que entraba por mi cabeza y ocupaba todo mi cuerpo y salía de mí, y alumbraba a la gente que se me acercaba. Captaba sus presencias en la distancia acercándose; aun cuando me encontraba con los ojos cerrados, me he sentido muy bien.

Hasta me he sorprendido viendo la mirada de varios hombres sobre mí, en la calle, en el coche; antes no veía a ningún hombre posar su mirada sobre mi persona.

Bueno, espero que te sirva y te doy las gracias por lo que me has dado. Besos y espero a la última sesión con ilusión de ver qué sucede.

Respuesta:

Ya he anotado todo lo que me has comentado; gracias por explicarlo todo con tanto detalle. Lo que esta energía te ha permitido es limpiar las creencias limitantes sobre ti misma y así poder recuperar tu poder personal, ante ti y los demás. Me alegro de corazón de los grandes avances que has hecho.

Envío de la cuarta sesión:

La energía ha sido muy potente, con una sensación de alegría, consecución de objetivos y amor. La he sentido todo el tiempo en la coronilla y en el corazón.

Respuesta:

Hoy ha sido increíble, he vuelto a levantarme a las 11.22 h, y en la sesión he visto imágenes de una forma que nunca había visto. Parecían en tres dimensiones pero yo podía pasar de una a otra como si fuese una pantalla interactiva.

De hecho he creído verte en un momento dado, y he visto sitios y personas también.

Luego he notado como si la conciencia de donde estaba mi cuerpo se quedara atrás y yo estuviera delante. He abierto y cerrado otros ojos dentro de mis ojos cerrados. Pensarás qué me he vuelto majara, jajá.

Me parecía una locura y he pensado que así era la cuarta dimensión. He buscado información sobre ello después y he entendido lo que me pudo pasar con esos dos minutos que pasaron en el reloj en una sesión anterior mientras yo solo había captado un par de segundos. Me invita a investigar.

Respuesta:
Pues para nada majara, me encanta tu experiencia. Yo he tenido experiencias muy extrañas que me han confirmado que la realidad no es lo que vemos, ni es tan sólida como aparenta ser. Así que, bienvenida al mundo real.

Conclusión final del participante:
Te permite salir de los bloqueos con los que convivías. Es una energía transformadora y profunda que trabaja desde dentro y sin esfuerzo. Notas que ya no eres la misma persona.

Tercer caso: Mónica

Mujer, 51 años. Objetivo: sanar sus creencias limitantes. Dolencias: gastritis crónica, estreñimiento crónico, fisura anal, bruxismo, hipotiroidismo, ligamentos y menisco de rodilla derecha rotos, tres hernias lumbares y una cervical, respiración forzada crónica, tendinitis en muñecas, dolor constante de mandíbulas, cuello y cabeza, cansancio crónico.

Envío de la primera sesión:
Imágenes: como si hubiera muchos canales de televisión encendidos al mismo tiempo. Si ves mucho la televisión, necesitas reducirlas a un máximo de dos o tres horas al día porque estás muy influenciada por el drama y eso te genera ansiedad. No debes ver programas que contengan drama, donde se discuta o se grite, nada de *realities* o programas o películas de sufrimiento. Tampoco el telediario; no te preocupes que puedes leer las noticias en el periódico o la radio, pero así te afectarán mucho menos, ya que eres muy sensible. Esto lo tienes que hacer durante este mes, te hará mucho bien y notarás un cambio importante en tu nivel de ansiedad y en el nivel emocional; estarás más tranquila y equilibrada.

Este ejercicio te permitirá soltar el drama que has acumulado en tu cuerpo físico y que ha ido creando brechas en tu interior y generando dolencias.

Físico: mucha energía en la cabeza, coronilla, cara y mandíbula. También en general por todo el cuerpo; es como si fuera haciendo chequeos.

Por mi parte la sesión se ha centrado en enviar paz a tu corazón, eso es lo que he sentido que necesitabas.

Receptor:

Te cuento mis sensaciones: al principio tenía miedo de la sesión, porque no sabía lo que podía despertar en mí. Me latía fuerte el corazón, luego me puse una meditación y me tranquilicé un poco; lo primero que noté fue una vibración muy fuerte en la zona genital, que enseguida pasó. Lo que pones es cierto, noté mucha vibración en toda la cabeza, especialmente en la coronilla y en la nuca. Estaba durmiendo bastante mal por los dolores generalizados que tengo, pero estos dos días he dormido mucho mejor y más tranquila. Después de la sesión me pasó algo que me produjo un poco de miedo. Estaba viendo la televisión, y me vi de pronto viendo a las personas por dentro, como si les hiciera un chequeo médico; me dio mucho miedo una de ellas, porque sentí que tenía una enfermedad muy grave y se iba a morir pronto y ella no lo sabía. La estaba viendo reírse y me ponía fatal saber lo que sabía de ella y no poder hacer nada para ayudarla. Así estuve un rato metida dentro del cuerpo de las personas que veía hasta que pude desconectar debido a la angustia que me producía.

Muchas gracias por contar con tu ayuda incondicional, te estoy muy agradecida.

Respuesta:

Muy interesante y bella tu experiencia. Solo una anotación, ¿recuerdas lo que te dije de la tele? Justo es eso, te lleva a enganchar con el drama y eso no te ayuda en absoluto. Una buena limpieza mental de televisión te ayudará a elevar tu energía y podrás centrarte en sanarte y después en mejorar tu vida en todos los aspectos.

Recuerda que todos somos responsables de nuestra vida y de cómo llevarla.

Sensaciones durante la semana:

Hola Cristina, te cuento las novedades. He vuelto a recordar que cuando era pequeña yo estaba absolutamente convencida de que podía curar con mi energía a las personas. De hecho pasaban cosas inexplicables; yo intercambiaba mi energía sanadora por energía de enfermedad. Hasta aquí todo muy bien, pero después de hacer esto yo cada vez me encontraba peor físicamente, cada vez tenía más dolencias físicas, y la sensación que tenía era de no poder soltar todas esas energías que cogía de los demás, y de hecho las sigo llevando, de ahí mis dolencias físicas. Por cierto, el dolor de la rodilla se me está apaciguando bastante. De momento es lo que te puedo contar, resumiendo, claro.

Envío de la segunda sesión:

La sesión ha sido profunda, relajante. No ha habido imágenes, simplemente la sensación de estar sanando, elevando la conciencia. Por ello me he dejado llevar, sin entrar en nada, ni buscar, simplemente permitiendo que fluyera la energía.

Respuesta:

Me alegro que para ti haya sido relajante la sesión, para mí no tanto. Noté muchísima energía en la cabeza, que luego se fue hacia todo el cuerpo. Empecé a tener picores dentro de

los oídos y luego se extendieron por todas partes; me falta-
ban manos para rascarme. Era muy desagradable, me duraron bastante rato.

Tenía sensación de desasosiego, que luego por la noche
fue a más; me sentía muy ansiosa, no podía respirar bien, ni
me podía dormir, era como tener el cuerpo entero con gran
cantidad de energía. Es que no lo podía soportar, me sentía
como si fuese a explotar, me temblaba todo. Estuve bastante
rato intentando tranquilizarme y cerré los ojos para conseguirlo. Entonces vi de repente una luz muy potente que salía
de un lado del techo y se metía dentro de mi cuerpo, como
una especie de tubo de luz dirigido a mí. Después de eso
conseguí tranquilizarme un poco y poder dormir, aunque
no muy bien. Los dos días siguientes seguí nerviosa y la respiración un poco forzada. En la anterior sesión estuve más
relajada y me sentí mucho mejor; noté menos cansancio del
habitual y menos dolores en el cuerpo. Sin embargo, en esta
he vuelto a tener mucho cansancio, más dolores físicos, la rodilla que estaba mejor se ha vuelto a poner peor, en la otra
sesión sentí que estaba mucho más alegre y mejor. Es todo lo
que te puedo contar por ahora.

Respuesta:
Gracias por los comentarios, tomo nota de todo. Es normal
hasta cierto punto, pues es cierto que tienes un nivel de dolencias físicas bastante importante, por lo que la energía
eleva su potencia cada vez más para poder ir sanando todo
lo que lo genera. Mucho del nerviosismo que has notado es
justo lo que se va sanando, que es lo que genera en parte tus
dolencias.

Puedes probar a practicar meditación; tienes meditacio-
nes guiadas en mi web, muy potentes, que te pueden ayudar.

Sensaciones durante la semana:
Te cuento que he seguido esta semana con un poco de ansiedad, tampoco mucha. Y he notado cambios que no se si son de la sesión o qué; he tenido retortijones en las tripas.

Envío de la tercera sesión:
En general sentí mucha energía, muy fuerte, una sensación de calor que recorría el cuerpo. Imagino que intenta equilibrar todos los temas de salud que me comentaste y que te causan dolor. El mensaje: abre tus límites, cuídate más sin apegarte y sin sentirte víctima.

Respuesta:
Pues estoy de acuerdo contigo; efectivamente sentí mucha energía por todo el cuerpo y calor, y también sentí que estaba sanando las dolencias que tengo.

Sensaciones durante la semana:
Pues te cuento que he estado bastante nerviosa y la respiración muy forzada. Bueno, sigo así, y también he sentido mucho cabreo con personas que hacía tiempo que no tenía. Cabreada y frustrada por bastantes cosas. Y he seguido notando bastante energía por todo el cuerpo.

Respuesta:
Es normal, estás liberando emociones que estaban en ti. Lo ideal es que las observes desde fuera, sin implicarte, y decidas qué quieres hacer al respecto. Tú tienes siempre el poder de decidir cómo sentirte y cómo actuar.

Envío de la cuarta sesión:
Noté energía por el rostro, la espalda, y la sensación de poder respirar más ampliamente, como liberando tensiones con la respiración.

Respuesta:

Sí, es cierto lo que dices, noté energía en esas partes del cuerpo y me sentí más relajada ese día, pero después volví a sentirme más nerviosa y la respiración mucho más forzada; tenía sentimientos encontrados, tristeza a ratos, y alegría también.

Anoche, no sé por qué, viendo una película de la televisión, cambiando de canal me llamó la atención su título. Se llama *Cuento de invierno*. No sabía de qué iba, por qué no había oído hablar de ella, pero al ver las primeras imágenes me entró un nerviosismo muy grande, como si a través de esa película me fueran a dar un mensaje muy importante para mí. Y, efectivamente, me corroboraron que todos estamos conectados y somos hijos de las estrellas y el Universo. Un mensaje muy bonito, y que por supuesto ya conocía.

Conclusión final del participante

He recuperado la confianza en mí, la sensación que tenía cuando era niña y había olvidado. He mejorado mi nivel de cansancio y salud en general y he liberado la sensación de miedo.

Añado aquí algunas conclusiones de los participantes sobre el resultado final de sus sesiones. También algún comentario sobre clientes que ya han recibido sesiones y han notado una conexión con el tratamiento. Por supuesto no todo el mundo siente igual, eso dependerá enteramente del nivel de sensibilidad que tenga la persona. El resultado será bueno igualmente, pero sin duda, cuando la persona es más consciente de su propio proceso, se involucra más en él y los resultados son mejores.

Alfonso: *«Me he sentido muy bien y me ha ayudado mucho a trabajar mis miedos y a estar más en presencia acerca de las cosas que me pasan. Durante las sesiones me sentí acompañado de una energía muy buena».*

Lola: *«¡El resumen de la sesión ha sido positivo! Sí he notado cambios en mí. He tomado decisiones clave y, aunque me siento un poco floja de salud, creo que he mejorado».*

Olga: *«La verdad es que no sé exactamente a qué se deba pero sí que he experimentado dos diferencias importantes:*

»Por un lado afronto el día a día con más tranquilidad, a pesar de que la carga sigue siendo igual de alta. Me altero menos y lo acepto mejor. Y, por otro lado y para mí muy importante, me he dado cuenta de que me siento en paz conmigo misma. He sido consciente de que he aceptado lo que hice mal en el pasado, y ese pasado ya no me duele y atormenta como ha estado haciéndolo a lo largo de estos años. Creo que me he perdonado, ya no me fustigo por ello, simplemente lo acepto como parte de mi historia y como un aprendizaje, doloroso, pero aprendizaje al fin y al cabo».

Aurelia: *«La sanación me ha ayudado mucho; estoy más serena y tengo más paz que en mucho tiempo».*

2ª PARTE
El humano conectado

1. INTRODUCCIÓN

Mi proceso interno de sanación me llevó un día a hacerme preguntas, algunas incómodas, otras universales, y la gran mayoría muy profundas.

Llevaba algunos años trabajando con los Registros Akáshicos y me había acostumbrada a preguntar y recibir respuestas. Sin embargo, llegó un momento en el que no tenía fuerzas para preguntar, sino que simplemente buscaba una guía más acorde a mí, o quizás a mi momento.

Así comenzaron a surgir largas canalizaciones en las que se me daba información, se me proporcionaba datos, y, sobre todo, de las que emanaban apoyo y comprensión. Al inicio el proceso era más difícil, pues mi falta de confianza retrasaba y modificaba la información.

Fue con la práctica diaria cuando aprendí a discernir los datos que mi mente quería incluir del propio mensaje original. En los inicios no preguntaba con quién «hablaba», solo sentía una voz amiga que me brindaba ayuda. Habitualmente, cuando canalizo recibo imágenes y sensaciones además de palabras, lo que me facilita la comprensión del conjunto, enlazando diferentes aspectos.

Un día, en un curso en que impartía de Registros Akáshicos, después de la iniciación sentí claramente la presencia de dos hombres detrás de mí; pensé que eran dos alumnos y me giré mientras hablaba para no darles la espalda. Después de varios intentos me giré del todo y percibí las siluetas de dos hombres jóvenes hablando entre ellos. Comentaban cosas sobre mi clase y sobre si estaba preparada. Sentí dos nombres: Uriel y Shakiel. Nunca pensé que se referían a lo que después vendría, sino que imaginaba que era algo así como una puntuación a una maestra de Reiki, que poco a poco se iba volcando más y más en la canalización. Hay sorpresas que me esperaba y los regalos que el futuro me brindaría era algo que aún no era capaz siquiera de imaginar.

Con el tiempo, la amistad y la confianza con las conciencias con las que tenía contacto comenzó a fluir libre de recelos y fue entonces cuando comenzaron a presentarse.

Las presentaciones duraron meses, pues con cada integrante del grupo solía trabajar en algún tema. Igualmente durante el proceso me surgían dudas, pues me resultaba extraño canalizar a varias conciencias que además venían a unir esfuerzos para entregar información y herramientas para la Humanidad despierta.

Mi primera duda fue acerca de por qué todo eso no podía entregarlo una sola conciencia, y su respuesta llegó pronta. Cada integrante viene a trabajar una parte importante y es el conjunto de sus energías lo que facilita el proceso final. Podemos decir que son un grupo de profesores y que cada uno me imparte una enseñanza determinada, creando así un producto final diferente.

Has conocido ya a varios de ellos: Nahisa, Tildium y Namaquiel. Ahora conocerás a Lirium Novis, a Shakiel y Uriel. Será posiblemente en el siguiente libro cuando conocerás a los últimos componentes del grupo.

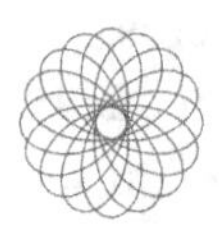

2. LIRIUM NOVIS

Soy un mensajero venido de Euníplides, conocido también como la Constelación Cero.

Pondrás en duda cada palabra que leas, y es por eso que mi esfuerzo se redoblará a cada paso para reconducirte al lugar donde habitaste alguna vez. Para que recuerdes tu pasado en Euníplides.

Largo tiempo ha pasado desde que nuestras miradas se cruzaron, complacidas con lo que veían. El tiempo en la estepa era inútil, pues solo nos movía el sentimiento de unicidad con el Cosmos y con toda su creación.

En ese tiempo, eones de tiempo, nuestro hogar eran las estrellas, nuestro suelo los planetas, nuestro alimento el aliento divino, nuestro deseo unirnos con el Corazón Puro.

Hemos sido una raza adorada, deificada, perseguida y temida, todo al mismo tiempo. Nos llaman los caminantes, y si estás leyendo estas líneas, es muy probable que tú también lo seas o hayas tenido contacto con nosotros alguna vez.

Como ves no te he dicho «lo fuiste», pues una de las características de nuestra raza es que camina a través del tiempo. Eso no significa que no podamos morir; de hecho fallecemos innumerables veces en incontables cuerpos para de nuevo renacer conscientemente en otra dimensión, fuera del azote del tiempo, en lo que podríamos llamar nuestro hogar.

Somos un pueblo guerrero cuyo objetivo es implantar la paz en el Cosmos. Pensarás que esto es contradictorio, y en verdad así es, pero la paz a veces requiere movimientos atrevidos. Ese es nuestro cometido: rompemos los esque-

mas establecidos, a veces con sorna e ironía, otras con bondad y comprensión, y algunas con un gran estruendo.

No nos juzgues aún pues al final te verás reflejado en nuestros ojos y reconocerás que alguna que otra vez te hemos inspirado.

Uno de los rasgos que tendrás como caminante es que siempre dentro de ti anidará un sentimiento de vivir una realidad absurda. Absurda porque no será tuya y porque nunca estarás plenamente integrado en ninguna parte. Sentirás como si estuvieras viendo una película, algo parecido a un actor, y no te sentirás pleno, excepto en los momentos en los que estés en silencio.

Sentirás que los animales son como las personas, que te entienden y que son tus amigos. Cuando eras pequeño jugabas a ser un animal y no una persona, y añorabas el sentido de pertenencia de una manada y no de un grupo social.

A veces sientes que podrías amar a cualquier persona por extraña que sea, y otras sientes la necesidad imperiosa de estar solo por un período de tiempo.

Los caminantes encarnan cada vez en diferentes razas y planetas. Son enviados allá donde son más necesarios y solo recuerdan quienes son una vez que abandonan el cuerpo del personaje en el que encarnaron.

Es entonces cuando retornan a la dimensión a la que pertenecen; para ti sería la sexta dimensión. Podría decirse que somos el Ejército de avanzadilla de la Fuente, pues nuestro único interés es devolver el recuerdo de la belleza y la libertad a toda conciencia, en paz e igualdad.

En nuestro mundo se coopera para un bien común. Somos similares al funcionamiento de una colmena, excepto porque no nos regimos por una reina, sino por un grupo de conciencias antiguas que velan por el retorno a la Fuente de todo ser viviente.

Podrás imaginar, con este cuadro de situación, que no hay una sola historia que contar. Cada vez te iremos dando la información pertinente, aquella que te haya recordar y la que te permita liberarte.

Soy Lirium Novis, el octavo integrante del que nos gusta llamar Grupo de los Nueve. Os hablo por mi voz, pero siempre como grupo de voces, siendo en este momento su portavoz. Soy la encargada de la comunicación con lo que tú llamas naturaleza; cuido de ella pues es una entidad viva.

Mi posición en este grupo es despertar tu conexión con la natura y recordarte la energía que tú denominas femenina y que abarca un concepto mucho más amplio.

Es necesario que accedas a ella, que te familiarices con su uso, y de este modo, será más fácil para ti recuperar tus dones naturales.

Ahora que nos hemos conocido, quiero hablarte de tu conexión con la naturaleza. Forma parte de ti y es una valiosa y necesaria herramienta para tu vida ya que sin ella te sientes huérfano.

En tu mitología citan que fuiste formado de la tierra, del barro. Eso no es del todo cierto pero es una metáfora indiscutible de los materiales que te conforman.

Todo tu cuerpo está compuesto de moléculas, todas ellas presentes en la naturaleza. ¿No te dice algo eso?

Cuando llegas a la Tierra, a través del nacimiento, conectas tu radar interno a la frecuencia de la Tierra. Cuando te alejas por mucho tiempo de una vida en contacto con los árboles, con la tierra, con el agua y los animales, comienzas a enfermar. Tus ciudades son enormes cementerios, pues han perdido la esencia que tenían antaño donde se respetaban los espacios necesarios para ella.

La naturaleza te provee de la calma y la tranquilidad. Solo con estar unos minutos paseando o sentado en el campo, comienzas a recuperar tu estado de bienestar.

Muchos de vosotros estáis totalmente intoxicados, y cuando estáis en la naturaleza, ocurre que vuestro cuerpo comienza a purgar todos los materiales acumulados en él y que le son ajenos. Por eso a muchos de vosotros os resulta difícil estar mucho tiempo al aire libre sin que os acechen estornudos, alergias y picores. No es debido a la naturaleza, sino a la vida alejada de ella y plagada de fármacos y sustancias químicas y tóxicas en la que estáis inmersos.

Una parte importante de la conexión con la naturaleza es que equilibra vuestra antena interna, aquella que os permite sintonizar con la información que existe como suspendida alrededor de vosotros. Llegará un tiempo en el que recuperaréis vuestra identidad y con ella la conexión. Al igual que los animales, sentiréis el latido de la tierra, la llegada de un terremoto, el lugar idóneo para construir una casa o para crear un lugar de reunión para celebrar la divinidad.

Entonces sabréis cuando un alimento no es bueno para vosotros, pues de nuevo escucharéis la sabiduría de vuestro cuerpo. Comprenderéis y aprovecharéis los cambios emocionales que suceden cíclicamente con la luna y las mareas. Encontraréis un significado muy diferente de salud y se desterrará completamente la palabra enfermedad, pues un uso adecuado de los alimentos y los lugares eliminan sus trazas.

Hoy hablo para ti, para recordarte que todo eso está ahí, esperándote. Voy a darte unas premisas para que vayas recuperando esas partes de ti. Ahora que quieres aprender a canalizar, o si ya sientes esa conexión, estás intentando mejorarla y fortalecerla, la conexión natural es imprescindible para ti.

Si has tenido la suerte de tener mascotas, habrás notado como ellas saben siempre donde estás. No se trata del sonido que emites al caminar por la casa, sino de la conexión que han establecido contigo. Las plantas también la tienen, son conscientes de su entorno y de ti mismo, del nivel de salud que tienes, así como del estado emocional en el que estás.

La conexión puede ser mutua si la trabajas. Nada está perdido, tan solo momentáneamente olvidado.

Cuando quieres canalizar, sea un mensaje o captar la información sobre alguien por quien te preocupas, o simplemente sentir el amor que tus animales y plantas de compañía te aportan, realiza este simple ejercicio.

Cierra los ojos, o si no puedes en ese momento, mantén tu atención en un segundo plano, como si te fueses a dormir a otra habitación; puedes escuchar los ruidos de la casa, pero estás apartado en otra estancia.

Intenta sentir el latido de tu corazón; al inicio puede que te cueste, si no has tenido experiencia en sentir tu cuerpo de modo habitual. Si tienes dudas, puedes tomarte el pulso para comprobar que efectivamente lo estás captando.

Notarás que lo que al inicio no eras capaz de escuchar, pero ahora se ha vuelto una presencia clara y potente. Nota como resuena dentro de tu cuerpo; llegará un momento en que sientas como incluso vibran tus pies.

Ahora siente que ese latido se está uniendo a un latido más profundo que resuena desde el suelo. Se iguala al tuyo; no intentes entender cómo, ahora eres tú y la Tierra.

Comienza a reverberar en todo el ambiente, en el aire y en todas las superficies que te rodean. Ahora estás conectado con la frecuencia de la Tierra. Deja que te absorba su calma ancestral, donde el tiempo no es más que un grano de arena en la inmensidad del desierto.

Mantente así el tiempo que sientas, te estará sanando de los niveles de estrés a los que estás expuesto, y permite que tu cuerpo despliegue sus defensas internas generando salud estable y duradera.

Si en ese momento quieres hacer una pregunta, estarás en el estado correcto. Puedes establecer contacto con una planta, un animal, un árbol o aquello que desees. No tengas miedo, la claridad en la recepción de la información mejorará con el tiempo.

Notarás como comienza a crecer en ti una claridad nunca conocida, la sensación de conocer, de saber y sobre todo de estar bien. Es un sentimiento que con el tiempo podrás convertir en certeza.

Añoro los tiempos en los que la Humanidad acompañaba en su ritmo ancestral a su querida Tierra. Anhelo que esos tiempos vuelvan y que tú participes en ellos.

Con esperanza, tu amiga Lirium Novis.

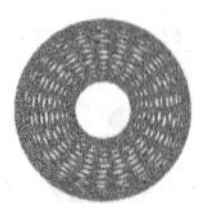

3. POR QUÉ ES IMPORTANTE CANALIZAR

De nuevo retomo la palabra, para explicarte paso a paso cómo puedes aprender a canalizar. Este libro es una hermosa guía para que por ti mismo despiertes esos dones que todos tenemos dentro.

También puedes acudir a uno de los muchos cursos que organizo, tanto presenciales como *online*. En ellos trabajo contigo para que el camino te sea un poco más fácil. Además recibes una iniciación muy especial que te permite crear una conexión más directa, la cual te sintoniza con tu propio guía evolutivo. Tienes toda la información en mi web.

Si tu deseo es ser un buen canalizador, estoy segura de que habrás conocido a otros canalizadores. Algunos en tu misma localidad o país, y otros incluso internacionales.

Quiero que te plantees qué es lo que admiras de esos canalizadores y qué es lo que han aportado en tu vida. De esta manera sabrás por qué es tan importante canalizar.

A lo largo de los años, he conocido muchos canalizadores y he podido comprobar que cada uno canaliza de un modo diferente. Por ello habrá algunos que serán de tu preferencia y otros no. También habrás observado que casi nunca los mensajes sobre un mismo tema son iguales.

Esto no implica que estén canalizando información errónea, sino que están mostrando retazos diferentes del cuadro total. Ese cuadro es la vida y es imposible observarla desde una sola posición.

El Universo es inmenso y encontrarás siempre historias diferentes sobre tus orígenes como especie, sobre qué has venido a hacer, sobre el inicio de la Vida, o sobre la Fuente o Dios.

No pierdas el tiempo pensando cuál es la correcta, ya que seguramente todas te estén mostrando una parte de la verdad. Mi consejo es: quédate con aquella información que te aporta y que resuena en tu interior, y continúa con tu día a día.

La importancia de canalizar no es tanto por recibir un mensaje que te ayude a decidir o que te hable de un posible futuro. La importancia reside en que te devuelve el poder, la responsabilidad de tu vida, y la capacidad de crearla.

Ese es el mayor regalo que te brinda: autoconocimiento más allá de convencionalismos. Te conecta con una realidad mayor fuera de la apariencia habitual que te recuerda que eres un ser eterno, infinito y perfecto, que tan solo está vivenciando una experiencia humana.

A partir de ahí tú mismo encontrarás tu camino, tus respuestas, y por ende, tu felicidad.

Bienvenido a la canalización.

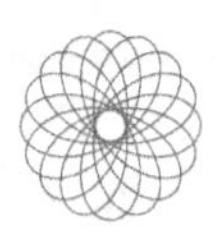

4. COMPRENDIENDO EL ARTE DE CANALIZAR

Canalizar es un arte porque sale del corazón y no de la mente. Habrás pensado que todo canalizador escucha una voz interna y esta es la que después transcribe al papel. Sin embargo, no siempre va a ser así.

La canalización es un proceso diferente para cada persona. A veces el proceso pasa por poner en palabras un sentimiento o una sensación, o incluso una imagen.

Cuando canalizas abres todo tu ser a recibir información. La información es energía y, por ello, recibirás grandes cantidades de datos de múltiples formas. A veces verás una imagen fugaz que te transmitirá sensaciones de cómo se sentían las personas que aparecen, cuándo ocurría, qué relación tienen con la persona para la que estás realizando la canalización, etc.

Por todo ello sin duda es un arte y requiere tiempo para que puedas perfeccionarlo. En ocasiones he leído canalizaciones que hablaban del de España, llevadas a cabo por canalizadores mundialmente conocidos. A pesar de su buena fe, finalmente no ocurrió de ese modo.

Ese es el otro punto a tener en cuenta: el futuro no existe como tal, sino que está formado por millones de probabilidades, y dependiendo de las elecciones de las personas implicadas, así se activará o materializará uno u otro.

Puedes desprenderte totalmente de la responsabilidad de canalizar el futuro correctamente o no, ya que en realidad, tan solo podrás acceder a uno probable que dependerá de tantos factores que sería imposible que pudieras saberlo.

Esa es la belleza de la vida: todo es posible si sabemos enfocarnos en lo que realmente queremos tener.

Canalizar debe ser para ti un apoyo, pero nunca algo que debas seguir a pies juntillas. Ni siquiera los guías conocen al 100% el futuro más probable. Por ello, la mayoría de las veces te mostrarán amablemente el mejor camino para ti de acuerdo con las circunstancias que manejes en ese momento.

La clave está en practicar. Lleva un cuaderno donde anotes todas tus canalizaciones personales. Anota la fecha y la situación o contexto que tenías en ese momento. Después realiza las preguntas y luego te pones a canalizar las respuestas. De este modo, pasado un tiempo podrás comprobar cuánto has evolucionado y cómo has resuelto situaciones que antes te preocupaban y ahora enfocas de un modo mucho más sano y poderoso.

Canalizar debe ser una herramienta para ti que te recuerde tu capacidad y la conexión interna que tienes con el Todo. No lo uses como una búsqueda de respuestas fáciles, tipo si o no, pues eso no hará más que restarte poder.

Lo mejor de esto es que los propios guías siempre intentarán reconducirte para que tomes tu propia responsabilidad. Pero está en ti aceptar esos mensajes o reconducirlos a aquello que quieres escuchar.

Confía en tus guías y no dudes del proceso. Siempre será beneficioso para ti y te ayudará a que sueltes hábitos indeseables y conductas que merman tu libertad.

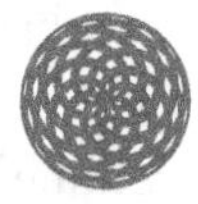

5. DIFERENTES GUÍAS Y EL GUÍA EVOLUTIVO

A lo largo de tu vida has tenido diferentes guías y maestros que te han acompañado fielmente cada día. No puedes tener el mismo guía toda la vida, puesto vas evolucionando a medida que cumples años y que vas cambiando tus prioridades y deseos.

Cuando eres un niño tienes a tu lado familiares ya fallecidos, que incluso no llegaste a conocer en vida pero que deciden acompañarte en esa parte del camino. También tienes lo que llamas el ángel de la guarda, que literalmente cuida de ti, de que tengas las experiencias que como alma viniste a experimentar.

Una vez que pasas cierta edad y tu proceso ha cambiado, entonces el guía que te acompañó por ese período se va dejando su puesto a un guía más preparado para el desarrollo que tendrás después.

Esto no es malo, es simplemente pasar de curso. No tienes los mismos profesores cuando tienes diez años que cuando vas a la universidad. Lo mismo pasa con los guías espirituales.

En el proceso de cambio, podrás notarte perdido y triste por unos días, como si hubieras olvidado algo muy importante que ya no pudieses recuperar. Es un proceso emocional muy natural que se sentirá más fuerte cuanto más sensible sea la persona.

Lo que ocurre es que estás sintiendo la partida de ese guía querido, que ahora pasa a realizar otras tareas en el otro lado. Notas su ausencia, y mientras te acomodas a la vibración de tu nuevo maestro, sientes que has perdido un vínculo familiar. No te preocupes, pasará y enseguida forjarás una nueva relación igual de positiva con tu nuevo amigo y maestro.

No olvides que vienen para ayudarte y que también ellos mismos están en su propio proceso, así que también se desarrollan contigo y aprenden a ser mejores guías cada vez.

El guía evolutivo es el encargado de darte un enorme empujón en tu evolución álmica, lo que significa que viene a trabajar contigo los aspectos más multidimensionales del ser.

Te ayudará a romper tus creencias limitantes para que puedas forjarte una nueva vida, y sobre todo, una nueva visión de ti mismo. Con su ayuda sentirás como vas soltando partes de ti, aquellas que forman parte de tu pasado pero que aún no te sentías listo para soltar.

Es como si pasaras de la adolescencia a la madurez, pero desde un punto de vista plenamente vital y lleno de alegría.

El proceso con tu guía evolutivo es una experiencia única. No ha venido tan solo a apoyarte o a darte información, sino que ha venido a levantar todos los velos que ocultaban partes desconocidas aún por ti.

Sin duda es un proceso importante en la vida y solo está disponible para aquel que lo solicita, siempre desde el corazón.

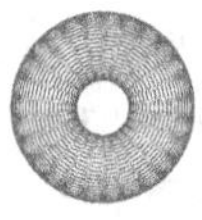

6. CONECTANDO CON TU GUÍA EVOLUTIVO

En el curso que imparto elijo una meditación guiada, que sirve para que cada participante conozca a su propio guía evolutivo. A veces el proceso es muy claro, y otras lleva un poco de más tiempo. Por ello acompaño en el proceso y ayudo a los alumnos a encontrar esas características esenciales de su guía, su nombre, su aspecto, pero, sobre todo, la seguridad de que está allí.

Tú mismo puedes realizar una meditación para conocerlo. Usualmente el guía evolutivo suele estar con la persona días antes, o a veces semanas, de tomar la decisión consciente de querer evolucionar y canalizar.

Basta con que entres en meditación o relajación y visualices una hermosa puerta delante de ti. Internamente sabes que tu guía está ahí, esperando que la abras para presentarse. Puedes hacer esta relajación con la imagen de la puerta durante unos días, y cuando te sientas preparado, visualizas que abres la puerta y dejas fluir cualquier imagen o sensación que tengas. No juzgues, tan solo ábrete a la experiencia.

La meditación te permite crear un espacio tranquilo donde puedes conectar más claramente con tu guía. Usualmente puedes ver una imagen que tiene sentido para ti. Así, quizá para ti el perfil de un maestro es el de un anciano; por ello la manera en la que aparezca la imagen de tu guía evolutivo será la de un anciano venerable de barba blanca y largas vestiduras.

Esto no significa que ese sea su aspecto, sino simplemente que se te presenta de un modo en que tú aceptes su imagen.

El Universo es infinito y por ello las formas de vida, y la conciencia, son igualmente infinitas. Más allá de los maestros ascendidos, más conocidos por todos debido a las publicaciones que se han hecho sobre ellos a lo largo de los años, tu guía evolutivo puede ser de otro tipo.

Puede provenir de un planeta o cultura que desconoces. ¿Por qué no podría existir vida incluso más avanzada que la nuestra de una apariencia diferente?

Por ello tu guía evolutivo no tiene por qué ser una conciencia etérea, sino que puede provenir de una cultura más desarrollada que ha decidido ayudar a otros pueblos en su desarrollo espiritual.

Si ese fuese el caso de tu guía, quizá su aspecto verdadero podría resultarte extraño o incluso inquietante, y por ello preferirá presentarse de un modo que seas capaz de aceptar.

No es importante el aspecto que tenga, ni siquiera su historia personal, pues verás que su único deseo es acompañarte en tu despertar espiritual.

Lo más importante es que te mantengas con una mente abierta para recibir cualquier información que quiera brindarte.

Disfruta del encuentro con tu guía, siéntelo como un amigo. Tu comodidad y tu calma interna propiciarán que sea más fácil que te llegue la información.

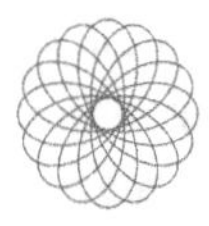

7. QUÉ TE APORTA Y CUÁL ES SU PROPÓSITO

Ya hemos hablado del momento en que entra en tu vida tu guía evolutivo. Quiero que te preguntes por qué quieres que forme parte de tu vida.

Es una muy buena pregunta que te llevará a comprender su propósito. Vivimos en una sociedad que deja poco tiempo para la contemplación y las preguntas internas de índole espiritual. Este guía viene a suplir esa falta de búsqueda que habitualmente abandonamos en pro de otra serie de actividades.

Si aceptas que eres un alma y que has venido aquí a experimentar estarás de acuerdo en que tienes un propósito concreto. Al igual que cuando organizas tus vacaciones y decides los días que les dedicarás, los lugares que visitarás y las actividades que desarrollarás, así preparas tu vida antes de encarnar.

El guía evolutivo viene a recordarte esos propósitos que elegiste antes de encarnar, de manera que te ayudará a reorientar tu vida conforme a ellos.

Esto no significa que tengas que dejar de lado tu vida, sino simplemente que comenzarás a orientarte hacia cosas que te aporten a todos los niveles, así como a desechar aquellas situaciones que te hacían olvidar tu capacidad, tu poder y tu origen.

Así de importante es su propósito y todo lo que va a aportar a tu vida. De hecho, con su ayuda, regenerarás toda tu vida como si revitalizaras tu cuerpo.

Cuando pase un tiempo, podrás mirar atrás y verificar por ti mismo todo lo que ha cambiado en ti, en cuanto a tus sentimientos y pensamientos sobre ti mismo, tu vida y el mundo.

No tengas miedo de evolucionar, de si este proceso te hará alejarte de tus seres queridos o te cambiará en una persona totalmente ajena a ti mismo. Muy al contrario, generará una percepción diferente de tus relaciones con los demás, más comprensiva, lo que te acercará aún más incluso a personas con las que nunca pensaste que pudieras tener una buena relación.

No temas tus procesos, siempre te ayudarán y te aportarán. El guía evolutivo no está aquí para recordarte sufrimientos u obligaciones, sino justamente para recordarte lo maravilloso que es vivir de verdad.

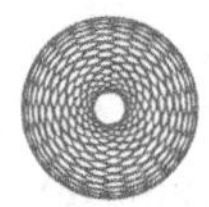

8. PRIMERA FASE: TU PROPIO PROCESO

Cuando comiences a trabajar con tu guía evolutivo, los mensajes irán dirigidos a ti y a tus circunstancias. Es importante que puedas centrarte en ti mismo y solucionar las situaciones que no te dejan avanzar antes de ponerte a ayudar a otras personas. Esto te servirá además para trabajar la autoestima, en el sentido de ocuparte de ti y de tus necesidades.

Una vez comenzado el proceso, habrá mensajes que te costará asumir, o que pensarás que son erróneos, o que has canalizado mal. Esto es porque te muestran justamente lo que no has querido ver durante este tiempo, y por ello la primera fase es la que más cuesta.

Ábrete al mensaje, escríbelo y después dedícate a otra cosa. Más tarde lo vuelves a leer; no te centres en los detalles, pues al inicio lo más difícil es dejar de lado tu propio pensamiento. Por ello los detalles sobre cómo, dónde, etc., suelen ser menos fiables.

Por ejemplo, cuando comencé a canalizar a mis guías de forma más seria, acababa de mudarme a una casa donde pensaba realizar unas obras para trabajar allí. La casa estaba en muy mal estado, y aunque nos habían prometido que solventarían todos los problemas, nunca fue así. La primera canalización que hice en esa casa me anunciaba que me mudaría a una zona fuera de la localidad donde viviría rodeada de montañas o montes.

Yo pensé que sería la sierra de Madrid, puesto que no se me ocurría otra zona que pudiese tener montes y que me interesase. Por otro lado sentí mucho enfado, pues no estaba en mis planes mudarme cuando acababa de llegar. En resumen me cerré bastante y no hice caso. Eso me llevó a casi un año de luchas diarias con el arrendador de la casa que resultó ser un auténtico estafador.

Cuando me cansé de luchar, exhausta y habiendo perdido todo el dinero que teníamos ahorrado, finalmente me rendí al hecho de que teníamos que irnos de allí y que no se iba a solucionar nunca. Simplemente esa casa no era para nosotros, y gracias al mal trago nos abrimos a una experiencia de compra, ya no de alquiler, en una zona en el campo, efectivamente con pequeños montes en la zona, a quince minutos de la localidad donde vivíamos anteriormente.

Sin esa mala experiencia no me habría abierto a cambiar de zona y de modo de vivir. Ahora estamos muy felices en este nuevo emplazamiento.

Este es un ejemplo para que veas de qué manera puedes interpretar tus propios mensajes; si hablan de montes, puedes anotar en tu canalización una localidad, pero realmente no te han dicho eso sino que habrá montes.

La precisión se consigue con la práctica y mucha meditación, pues no puedes recibir mensajes con la misma claridad si estás pensando en tus cosas que si has conseguido un razonable nivel de silencio interior.

Tu propio proceso te ayudará a limpiar y ordenar tu vida, liberándote de todo lo que realmente no te ayuda sino que te pesa, y ese mismo proceso te enseñará a canalizar.

Será tu proceso el que te ayude también a conocer más profundamente a tu guía y a establecer una relación más cercana con él. No lo veas como una entidad superior a ti, sino como alguien que ya ha pasado por lo mismo que tú y que está dispuesto y preparado para ayudarte.

Tampoco esperes que realice tu proceso por ti; no te sientas mal si te hablan de un futuro probable y sientes que pasa el tiempo y no llega. En su lugar pregúntate qué es lo que no estás haciendo que bloquea tu crecimiento.

La clave es que escuches tu interior y tus necesidades, que aprendas a quererte y a cuidarte. Entonces tus problemas se solucionarán y evolucionarás mucho más rápido que nunca.

Ábrete al proceso de crear un nuevo yo y no pienses en que es demasiado bueno para ti; al contrario, apunta alto y acepta que el límite lo pones tú.

No hay nadie en el Universo que pueda negarte o darte nada, tan solo tú mismo.

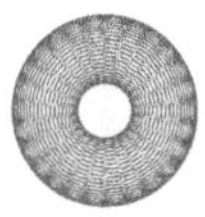

9. SEGUNDA FASE: CANALIZANDO PARA OTRAS PERSONAS

Una vez que has aprendido de tu propio proceso, estás listo para ayudar a otros con canalizaciones. Esto no significa que no puedas hacer canalizaciones para otros hasta que pase un tiempo. Significa que lo harás mucho mejor cuando no estés cargando con tus propias mochilas y pesares.

No podemos ayudar realmente a alguien cuando estamos pasando sus mismas situaciones de incertidumbre, miedo al cambio, etc. Por ello mi consejo es que no tengas prisa y que las canalizaciones que hagas para otras personas sean siempre para amigos y familiares. Avisa de que aún estás desarrollando la capacidad de canalizar y limítate a orientarlos con lo que puedas sentir de forma clara.

Así, si alguien te pregunta si es beneficioso aceptar una oferta de trabajo en otra ciudad, puedes abrir una sesión de canalización y observar los detalles, las sensaciones y las palabras que te vienen. Quizá te venga una imagen del mar y la persona ya viva en una localidad costera. Eso ya te está indicando que esa oferta no es la buena o al menos no para ese momento.

Puede ser que simplemente sientas una sensación de bienestar; eso significa que el cambio es positivo. Poco a poco serás más capaz de explorar toda la información que recibes y darle forma de frase u oración.

No hay un método específico para canalizar, más bien es algo similar a una intuición que se desarrolla con tiempo y paciencia. Sin embargo, a veces te resultará más sencillo canalizar para otras personas que para ti mismo.

No te juzgues ni seas excesivamente crítico contigo. Yo he recibido canalizaciones para mí de personas con una gran capacidad de clarividencia y en ocasiones la información que me han dado ha resultado totalmente errónea. Por ello no te enfoques en dar información sobre el futuro; la información más relevante siempre es aquella que tiene que ver con el desarrollo actual de la persona.

Quizá la persona te pregunte sobre su futuro laboral o amoroso, y a ti la información que te llegue sea referente a una actitud sobre sí mismo. Es totalmente correcto; lo que necesita es cambiar esa actitud, y los cambios de trabajo y de pareja ocurrirán. Así, imagina que la persona tiene una falta de autoestima importante y siempre se critica internamente. Siente que quiere tener una pareja que la valore, la quiera y le trate bien, así como un trabajo donde sea valorado por sus jefes. Eso no es posible si no cambia su actitud y comienza a darse a sí misma la valoración que desea y el trato que desea.

Por ello la canalización sobre la necesidad de mirarse con cariño y aprender a aceptarse y quererse es perfecta para ella.

Con el tiempo, lo que son simples imágenes o sensaciones comenzarán a ser palabras y frases. Esfuérzate en crear siempre frases que aporten; nunca uses un lenguaje tosco o denigrante. Cuando más trabajes la canalización, más podrás notar un cambio de estado, cuándo canalizas a cuándo no lo haces.

Lo que notarás es la presencia amorosa y calmada de tu guía evolutivo que te acompaña en el proceso. Las palabras son las que salen de tu boca y pueden ser erróneas, pero la sensación o energía que las acompaña no.

En mi experiencia he visto cómo una canalización ha generado una sanación más grande en la persona que un tratamiento energético. Esto es porque a veces necesitamos escuchar algo y al escucharlo reaccionamos.

Igualmente, la misma energía y presencia amorosa que sientes cuando canalizas le está llegando a la otra persona. Es lo mismo que reciba una canalización por escrito que de palabra. El efecto es igual puesto que la energía acompaña al procedimiento.

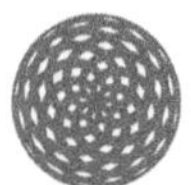

10. CANALIZANDO INFORMACIÓN UNIVERSAL

Otra parte importante en tu proceso de canalizar es comenzar a canalizar mensajes universales. De hecho, recomiendo que lo practiques desde el inicio.

Todos tenemos dudas existenciales, temas de los que nunca hemos conseguido obtener respuesta. Aprovecha esas dudas sobre, por ejemplo, el origen del Universo, por qué estamos aquí las diferentes razas en el Cosmos, el inicio de la vida en el planeta Tierra, la función de la religión, el por qué de la muerte, las razones de la enfermedad, la función del dinero, y todas las preguntas que se te ocurran.

Tu guía evolutivo estará encantado de resolverlas. El ser humano debe crecer; ha llegado el momento de evolucionar y dejar de pensar en pequeño. Es el momento de ser conscientes de nuestra naturaleza real y de que formamos parte de algo mucho más grande que las políticas de un país.

Siempre he pensado que ese conocimiento haría desaparecer rápidamente muchos de los extremismos que hoy vemos en el mundo, desde las religiones hasta las dictaduras, pasando por una reforma completa de la política. Ya no tendría sentido gobernar un país sin ser consciente del vecino, puesto que se comenzaría a hablar de los habitantes de la Tierra y no de los habitantes de un país.

El saber expande tu conciencia y te permite pensar mejor. Todos los extremismos provienen de una falta de información. Por ello no se trata de mantener una costumbre que no tiene sentido, sino de trabajar por un bien común.

Muchos fundamentalismos nacionalistas se esfumarían cuando la Humanidad conociese que existen muchas razas con diferentes niveles de evolución que están cerca y conocen nuestra existencia. Este hecho provocaría un camino colaborativo, que primero quizá sería originado más por el miedo a lo desconocido, pero que seguramente en unos años sería una costumbre más.

Puedes practicar haciendo canalizaciones universales para ti sobre cualquier tema, incluida la política; eso te servirá para ir afianzando tu confianza y tu propia metodología.

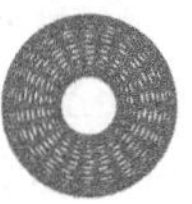

11. A TRAVÉS DE TUS SUEÑOS

No solo recibirás información mientras canalizas, sino también mientras duermes. Habitualmente nos cuesta más recibir información importante para uno mismo que para otra persona; por ello a veces esta te llegará en forma de sueños.

Cuanto más consciente seas en tu vida nocturna mientras duermes, más consciente vivirás tu vida diurna. Notarás que vas necesitando menos horas de sueño y serás más consciente de que estás soñando, aún inmerso totalmente en el sueño. Esto ocurre cuando vamos integrando todas las partes que conforman nuestro ser. De manera que cada vez notarás que no hay una diferencia entre tu ser mientras duermes y aquel que está despierto, va a trabajar, come y se relaciona con otras personas.

El lenguaje de los sueños es un lenguaje onírico, lo que significa que no va a mostrarte exactamente lo que pasa, sino una metáfora de la situación y cómo finaliza. Por ello es importante quedarte con el mayor número de detalles, para poder darles significado después.

Al inicio seguramente te cueste más, pero con el paso del tiempo crearás tu propio lenguaje interior. Hay imágenes que suelen interpretarse de un modo genérico, pero eso no significa que se corresponda con el mensaje que quieres entregarte tú mismo en tu sueño.

En mi caso, por ejemplo, los mensajes que tienen mucha importancia y a los que tengo que prestar atención suelen aparecer representados en grupos de tres. El mensaje contiene la clave para que aceptes una situación, comprendas por qué ha pasado, o prestes atención para evitarla.

La interpretación viene dada por el sentimiento que tendrás en el sueño; ese te dará la clave del mensaje. Las imágenes que lo formen serán datos sobre la situación real. Así, si sueñas que vas en un coche, observa su estado, su apariencia, y qué es lo que ocurre. Si no consigues frenar, puede ser que signifique que hay algo en tu vida que va demasiado rápido y has perdido el control. Un coche destartalado te está hablando de tu situación económica actual.

El medio de transporte del sueño es una metáfora de cómo te estás moviendo en tu vida. Si vas en tu propio coche, en un ciclomotor, una bicicleta o andando, estás perdiendo fuerza en tu camino. Si vas en trasporte público o te llevan en otro coche, no estás siendo el actor de tu propia vida, sino que te estás dejando llevar.

Cuando estás subiendo una montaña escarpada y notas que te está costando ascender, eso habla del esfuerzo que estás haciendo en tu vida. Esto no significa que no necesites esforzarte, sino que habla de cómo lo estás viviendo.

Los sueños nos dan claves para que seamos conscientes de dónde está el problema y podamos solventarlo. No hay un único modo de interpretación, pues eso dependerá tanto de tu cultura como de ti mismo. Los símbolos son personales; a pesar de que haya un gran número de imágenes que tengan un significado similar en varias culturas, será el propio individuo el que integre de un modo u otro su significado global.

Te voy a poner algunos ejemplos propios para que veas los modos diferentes en que puedes interactuar e interpretar tu sueño.

Hace algunos años estuve viviendo en Galicia. Llevaba ya un año de estancia allí y no había encontrado un trabajo. Anteriormente residía en Madrid, donde tenía mi propio domicilio y una hipoteca que pagar, por lo que el tiempo ya no corría a mi favor, hablando en términos económicos. Estaba planteándome volver, pues sabía que sería más sencillo encontrar un trabajo allí, pero me había mudado siguiendo los deseos de mi pareja y no quería irme así.

El sueño que tuve me desveló que estaba atorada esperando que alguien solucionase mis problemas sin tomar ninguna medida por mí misma. Además, me mostró como tenía un futuro económico mucho mejor esperándome si tan solo me ponía manos a la obra.

En el sueño yo aparecía sentada en el asiento trasero de un magnífico coche negro, un todoterreno. Recuerdo que estaba reluciente, con la pintura brillante y todo lujo de detalles en el interior. Yo era conductora habitual, pero mi coche era bastante más sencillo y pequeño que ese.

Enseguida aparecieron personas que me decían que tenía que mover el coche, que me tenía que ir de ahí, dejándome claro que ya no podía estar allí. Sin embargo, yo les respondía que estaba esperando a mi padre, que yo no podía conducir ese coche, así que no lo podía mover.

Aparecieron tres ancianas decrépitas, con el cabello blanco, muy delgadas, que comenzaron a empujar el coche. Yo no daba crédito a lo que veía, pues me asombraba el grado de decisión que tenían esas mujeres por sacarme de allí. Sin embargo, yo seguía sintiendo que realmente no era capaz de mover ese coche y que tenía que esperar a que viniese mi padre a sacarlo de allí. Al final me rodearon varios coches de policía con sus sirenas y ya era imposible que no me fuese de allí. En ese momento me desperté.

La interpretación es sencilla: no me sentía con fuerzas para moverme hacia un lugar diferente del que estaba pues sentía que eso lo tenían que hacer otras personas. El coche era fantástico, lo que me hablaba de una situación mejorada si yo tomaba los mandos (del coche) y lo arrancaba. Las mujeres y los policías me decían que ya no era posible continuar donde estaba. Mi tiempo en Galicia había terminado y era el momento de moverse. La conclusión era fácil: retoma tu poder a través de tomar decisiones. Toma el control de tu economía, siguiendo el camino que ya sabes que funcionará y al final todo irá bien.

Así fue. En unos días recogí mis cosas y me fui. A los pocos días ya había encontrado trabajo; era un trabajo que no me gustaba y estaba a dos horas de mi casa, pero al menos me servía para pagar mis facturas y ponerme al día.

Las soluciones no siempre son fáciles ni perfectas pero te ayudarán a que seas consciente de que tu vida es tuya y que tú eres la única persona que puede y debe decidir. Ese trabajo forjó un sentimiento en mí de mejorar que con el tiempo se tradujo en ponerme a trabajar en aquello que realmente amaba. No fue inmediato, pero puedo decirte que cada fase de la vida te inspira y te lleva a la siguiente.

En otra ocasión había comprado un par de productos en una página de Internet que no conocía previamente. Una vez hecho el pago pasaban los días y no recibía nada. Además, por más que llamaba a los teléfonos que allí se indicaban y contactaba por correo electrónico, tampoco obtenía respuesta. Decidí buscar la solución a través de lo intangible, ya que por los medios tradicionales no era capaz de resolver el problema. Cuando fui a dormir, mentalmente me envié un mensaje para encontrar la solución a este embrollo.

Por la noche tuve un sueño; aparecí en una nave industrial donde había muchos productos, todos desordenados. El dueño de la web y de los productos estaba allí. Yo intentaba hablar con él, pero a pesar de estar a menos de un metro, era como si no me escuchase. Su reacción era como si no me viese ni me prestase atención. Al final terminé casi chillándole, y él me miró como si no se hubiese percatado de mi presencia hasta ese momento. Entonces cogió los productos que había comprado y me los entregó.

Al despertar sentí que el mensaje era claro: si no hacía ruido, no iba a conseguir nada. Buceando por Internet encontré otros teléfonos de su empresa. Al final me contestó uno de ellos que era el de su gestoría. Se cortó la llamada un par de veces, y a la tercera llamada me atendió otra persona. Esta persona se solidarizó con mi problema y me dio el móvil de su hermano. Lo contacté y le expliqué que agradeciese que esa persona se hubiese saltado las normas porque ahora él podía avisar a su hermano y evitar la denuncia policial que yo estaba a punto de hacer. Cualquier otro nunca me hubiera dado un teléfono personal de contacto, pero la sincronicidad permitió que yo hablase con la persona adecuada. Con mucho esfuerzo y tras largas conversaciones, finalmente a los dos días tenía los dos productos en mi domicilio.

Mientras terminaba de escribir este libro sufrí un aborto. Mi pareja y yo no esperábamos algo así y quedamos devastados. Cuando llegué a casa me sentía realmente mal pues no comprendía como no me había llegado ningún mensaje sobre algo tan importante como esto. Sentía que era mi culpa y que no había podido darle un entorno físico adecuado al bebé para que el nacimiento se hubiera producido. Con toda esta confusión esa noche tuve un sueño en el que estaba haciendo cosas con otras personas. No había ningún mensaje especial, era como pasar el tiempo haciendo algo. En ese momento, dentro del sueño me acordé de un sueño que había tenido hacía unas tres semanas y súbitamente me di cuenta. Sí, había sido avisada, solo que no había sabido interpretarlo correctamente. Sabía que algo iba a fracasar, pues estrellarse es un mensaje de parón completo. Sin embargo, lo interpreté como referido a un proyecto laboral.

En ese momento me desperté y miré el reloj: eran las 4.44 h de la madrugada. Comencé a comprender la situación. En ese sueño yo iba conduciendo un coche que no era mío. Era de la marca Volvo. De pequeña uno de mis tíos tuvo ese coche, y recuerdo que en esa época el mensaje publicitario era algo así como Volvo, respuesta segura. Es decir: vuelvo seguro.

Mientras conducía, llevaba a varias personas en él; no recuerdo todas pero una de ellas era mi madre. Yo tenía mucho miedo de conducir el coche porque en el sueño sabía que había estrellado otros dos momentos antes, por lo que iba tan despacio que en el propio sueño yo misma pensaba que era más rápido ir a pie. Conducía con mucho cuidado, observando cada detalle, y de improviso, el coche se estrellaba contra un muro invisible. Quedaba destrozado y yo no había podido evitarlo a pesar de todos mis esfuerzos, pues el muro era invisible y terriblemente fuerte. Todos salíamos del vehículo asustados y afligidos.

Así pude comprender que sí me habían avisado. El mensaje global del sueño era claro: por más medidas preventivas y cuidado que tengas, no puedes hacer nada, no depende de ti. Y, por otro lado, la marca del coche me indicaba que esa alma que había estado unos meses conmigo volvería, esta vez en un cuerpo más sólido y sin problemas, que le permitiría vivir la experiencia vital que había elegido con nosotros.

Eso dio mucha paz y pude afrontar el proceso sin miedo y con calma, sabiendo que lo ocurrido era lo que tenía que pasar para un bien mayor. Era mi primer embarazo y ya tenía cuarenta años, por lo que era de esperar que pudiese ocurrir algún percance.

La vida viene de modos extraños, no siempre como queremos, pero la capacidad de sobreponerse a las circunstancias nos da fuerza para seguir adelante y aceptar las situaciones, para finalmente cambiarlas y mejorarlas.

Como puedes ver, tus sueños están para ayudarte. Te ayudarán a soltar emociones que no te has permitido expresar, te mostrarán el camino a seguir, e incluso crearán soluciones y sincronicidades para que puedas lograr tus objetivos.

12. SHAKIEL Y SU MANUAL PARA CANALIZAR

Shakiel fue uno de los primeros guías con los que conecté. Había leído que era un arcángel que te ayudaba a conectar con la parte esotérica, la parte mágica del ser humano. En el momento en que comencé a canalizar, sentía su presencia como la de un amigo que me acompañaba y me instaba a confiar en mí.

Las primeras canalizaciones universales las realicé con él; se trataba de un manual para canalizar cuando yo aún no estaba segura de tomar en serio este camino. Ahora te presento su manual; lo he extendido con más canalizaciones, terminando lo que en su día fueron mis comienzos como canalizadora. Espero que te dé un punto de vista diferente y te ayude en tu búsqueda.

Pero primero quiero que se presente a ti, con sus propias palabras.

Saludos mis queridos, habla Shakiel. ¿Cuál es mi deseo en este proyecto? Que seas libre y capaz por ti mismo de elegir. Deseo que vuelvas a conectar todos tus sentidos, aquellos que te fueron dados en tu nacimiento y que dejaste de usar largo tiempo atrás.

Mi misión es conducirte de la mano para que puedas transitar tranquilo los caminos de retorno al Hogar. Intentaré con todos mis medios darte alas y serás tú mismo el que recopile tus antiguos recuerdos, aquellos que te mostrarán quién eres en realidad. Comencemos pues la enseñanza.

Este manual carece de estructura y quizá de contenido tal y como lo entendemos. En este caso lo que busco es que lo conozcas; que lo entiendas vendrá después a través de tu propia experiencia.

Durante la lectura de este manual se te pedirá que pongas en cuarentena muchas de tus creencias, algunas de las más arraigadas. Esto te ayudará además a soltar tu personaje.

Mientras te desprendes de tus limitaciones crecerá en ti un sentimiento de paz y empoderamiento que te permitirá ver toda tu vida y tus circunstancias con una claridad nueva y diferente.

Que la Luz sea contigo y el amor en tu corazón esté siempre encendido,
Shakiel.

Comienzo

Querido amigo y lector, finalmente nos encontramos de nuevo para conversar y recordar los buenos tiempos en que vibrabas a mi lado con alegría y resplandeciente Luz.

Acordamos vernos en la eternidad de las eras y a esta cita acudo. Mis palabras trabajan dentro de ti como un bálsamo que cura tus heridas. Esas heridas son las de la separación, el trauma global de la escisión en infinitos fractales de ti mismo.

Para que actives de nuevo esos fractales y despiertes tus partículas de Luz, para que las hagas girar y tu frecuencia ascienda rápidamente, para eso estoy hoy en el espacio y el tiempo pactados, aquí junto a ti.

Comenzaremos hablando del espacio-tiempo. Es imperante que reconozcas tu estado primario para que puedas situarte correctamente en tu eje.

Nos referiremos al eje como a una parte sutil de ti mismo, que es una columna de luz en su estado sencillo y que se transforma y retorna a su antigua función evolucionada *de transmisor de frecuencias. Esta transmisión se realiza a través de una conexión interna.*

Cuando el eje está correctamente orientado y conectado se produce una expansión a nivel fisiológico e interno; es cuando el Ser comienza a irrumpir con fuerza en el día a día. Podemos decir que esa conexión depende de un factor de ubicación.

Tu ubicación actual está fuera de ti en el paradigma exterior. Este paradigma es resultado de un acuerdo colectivo en el que se decidieron unos vínculos concretos con la Realidad Ulterior, aquella que es fiel al Origen y la realidad holográfica, alimentada por los impulsos de energía de cada habitante de la Tierra o Marduk, y dependiente de unas condiciones específicas. Más adelante retomaré esa parte de la historia, en una supuesta futura (para tu entendimiento) canalización.

Ahora podemos volver al espacio-tiempo. Aquel en el que habitas es un espacio controlado, estudiado y observado por entidades y conciencias similares a ti en ancestros pero opuestamente en espacio y tiempo.

Aquel al que perteneces es un estado del ser y no tiene ubicación ni tiempo. Es eterno e infinito y como tú, formado de tu misma esencia que no es materia.

Ese es el único y verdadero lugar donde resides realmente, donde la realidad es un compendio de frecuencias en diferentes niveles de conciencia.

Cuando tu eje se sitúa de nuevo en el Hogar, todo cambia para ti, todo comienza a cobrar sentido y la ilusión de separación desaparece, instalándose cada vez más la conciencia perfecta.

Amado mío, es difícil usar palabras cuando amado o amor son tan incomprendidas hoy. Es mi deseo que reconozcas tu valía y tu diseño primordial, para que juntos, si lo deseas, retomemos el camino de retorno al Eje Primordial.

Espacio-Tiempo

Hablemos sobre el espacio-tiempo. Mucho se ha dicho sobre ello y es correcto; aun así vamos a mostrarlo desde un punto de vista más cercano.

Vivís en una realidad con sus propias reglas. Una de esas reglas básicas es la de experimentar. Es imperante para el alma que decide desarrollarse aquí en la Tierra obtener un plano de realidad finito en apariencia, pero infinito en posibilidades y esencia. De este modo puede elegir obtener un plano de observador, o el aparentemente único en el que se implica y en el que habita, pensando que son sus experiencias las que lo definen.

Para ese primer plano o primer intento de ser se creó el espacio-tiempo. De este modo el alma podía experimentarse a sí misma como un compendio de situaciones finitas ocurriendo en un espacio material y físico. Finitas porque tenían que tener principio y fin, y dado que es un mundo material o denso, se hacía necesario la creación de un espacio físico, que en esencia podría decirse para vuestro entendimiento que es mental.

Para que ese espacio pudiera experimentarse, lo físico debía contener tiempo. Solo así el alma podía delimitar su evolución, eligiendo quedarse enfocada en unas experiencias delimitadas en el tiempo que le hubieran marcado en algún modo, surgiendo así la experiencia pasada. También podía elegir quedarse en un limbo de experiencias no realizadas en lo físico o material, surgiendo la apariencia del futuro, o pasar al segundo plano de experiencia, o segundo intento de ser.

En el segundo enfoque de ser, el alma decide focalizarse en el plano material e inmediato y ocurre la sensación del presente o tiempo real. Es el único en el que el alma puede ser consciente de sí misma, sin crítica ni evaluación de su parte. En ella ocurren las situaciones que conforman su vida y su aprendizaje.

Por todo ello, querido amigo y lector, ¿comprendes ahora como tu tiempo y espacio no son más que estados enfocados de tu propio ser? El espacio no es algo limitado, aunque lo aparente. El tiempo no es algo lineal y fijo, sino eterno. La experiencia no es física, sino totalmente mental, donde la mente es, en sí misma, chispas de luz.

Todo tu mundo de tercera dimensión está marcado por el espacio-tiempo; ese es el primer plano de experiencia. Cuando comienzas a enfocar tus esfuerzos en aquello que realizas en cada momento, comienzas a dar pasitos hacia el segundo plano o segundo intento de ser.

Este paso contiene una importancia suprema; es donde comienza a hacerse paso la magia del silencio. El silencio es un instante robado al espacio-tiempo donde el alma finalmente sustrae su enfoque del ego que ha elegido adoptar y recuerda interiormente su origen verdadero.

Esto, además de ayudarte en tu intento de pasar al segundo plano, te permite recalibrar tu eje, orientándolo cada vez más a tu centro.

Es de remarcar de nuevo la importancia de este intento, pues este demuestra la fuerza del alma, haciéndole recordar al ego, que está aquí, más allá del tiempo-espacio.

Para el alma, recordarte que está ahí es primordial. A más momentos de silencio del ego, más comunicación con tu conciencia y más fácil la comprensión y evolución.

Sin su ayuda o recuerdo, el ego se siente solo. Esto forma parte de otra de las condiciones básicas en las que se conformó este lugar de realidad controlada. Nadie que encarne debe recordar; solo cuando se comience a pasar al segundo plano de realidad se comenzará a recordar.

Mientras tanto, el ego se afanará en su búsqueda de sensaciones físicas que se acerquen lo máximo posible a un *anhelo profundo interior. El anhelo de buscar la parte que le falta a sí mismo, a su alma.*

Esa búsqueda en el exterior no hará más que distraerlo, y cuando su anhelo comience a materializarse en palabras, sentirá muchas veces que se pierde de nuevo. Puede distraerse todo cuanto quiera, porque todo está bien si le sirve para volver su atención hacia sí mismo y finalmente buscarse.

Una vez que entras, el libre albedrío será de las últimas reglas. Al igual que no se castiga a un niño cuando está aprendiendo, tampoco existe ningún castigo por nada que puedas llegar a hacer. Todas las almas antes de entrar conocen las reglas y están encantadas y deseosas de entrar. Imagina qué revuelo poder experimentarse desde un punto de vista concreto y aprender de ello.

La última regla es sencilla y por ello la más compleja para vosotros. Y de ella hablaré en un hipotético futuro encuentro.

Ego *versus* divino

Y aquí estoy de nuevo, pronto y listo para una nueva entrega de lo que es y será una guía para conectar y canalizar.

La parte que más dura te resulta, querido ser humano, es aquella en la que debes alejarte de ti mismo para ser otra parte de ti, aquella que es divina. Recuerdas que hablamos de la necesidad de saber colocarte en un lugar de espacio-tiempo adecuado, para recibir. Bien, al igual que eres una antena y es importante la ubicación que elijas, también eres el creador de tu experiencia.

Esto implica que estás formado por al menos dos partes. Podemos decirlo así, para que en tu entendimiento tenga sentido; una de esas partes sería la que denominas divina, pues ella contiene todo aquello que puedes necesitar en tu experiencia humana.

La otra parte es la que está presente contigo a cada momento, el llamado ego. Mucho se ha hablado y mucho se ha confundido, pues es lo que el lenguaje hace, confundir. Solo la emoción puede traspasar las barreras lingüísticas y entregar el mensaje verdadero. En ese camino es donde deberás encontrarte, en ese lugar hallarás la paz completa y la comunión final con tu alma. Ese es el lugar que te propongo, querido y estimado amigo, que encuentres y con el que generes una buena relación, que la fortalezcas cada día, y de ese modo, nunca más te sentirás perdido.

Así que tenemos, por un lado, un sentimiento que es transmitido desde tu parte divina, aquella que muchos aún no habéis identificado, pero que del mismo modo siempre ha estado allí. Ese sentimiento es energía pura que pasa desde tu divinidad y llega hasta tu ego. Ahí es donde debes captarla y digerirla, pues esa es la palabra que nos parece más adecuada para definir el proceso.

Cuando ingieres un alimento puedes notar su textura, su sabor y la sensación de saciedad o liviandad que causa. De la misma manera aprenderás a notar las partes diversas de ese sentimiento y así podrás ponerlas en palabras.

Así que podemos decir que (1) todo ser humano puede canalizar por la divinidad que lo compone; (2) solo necesita diferenciar las dos partes que lo componen; (3) para finalmente describir el sentimiento que recibe en palabras que pueda comprender

Al final de este proceso, y con la práctica, podrás experimentar la dicha de recibir ese apoyo o respuesta que siempre anhelas, en cualquier momento y en cualquier lugar.

Por hoy, en tu espacio-tiempo, hemos terminado. Saborea con gusto y placer las mieles del espíritu.

Lo que perdiste

Querido ser humano, aquí estoy de nuevo. Presto acudo a la llamada. Hubo un tiempo en el que vibrabas con alegría en la naturaleza, donde lo que puedes denominar magia era algo natural y desde luego no tenía nombre pues era tu naturaleza divina. En aquellos días residías en una Tierra muy diferente a la actual, y sin embargo, es la misma.

En esa época no te avergonzabas por ser quien eras, ni por tus deseos, ni por tu apariencia. Esa época era en la que tu parte divina seguía activada al 100%. Estabas en comunión contigo mismo y con el Todo, pues comprendías en el corazón las verdades del Universo y su composición.

Hoy vengo a recordártelo para que puedas elegir ese lugar como espacio-tiempo adecuado. Para que puedas situar tu eje orientado a esa época. No te preocupes, no tienes por qué saber hacia dónde, ni cuándo, ni elegir una orientación, querido humano, esto es una enseñanza esotérica, pues no hay un lugar específico en la Tierra donde puedas colocarte y canalizar tu propia energía como antes. Pero sí hay una actitud o un deseo que puede desencadenar la conexión con ese tiempo y ese lugar, para que puedas recuperar la orientación hacia el vacío de tu yo actual y orientarte hacia ese ser completo que experimentaste una vez.

Ahora comienzas a sentir que el resto de los mensajes contiene una forma, y al mismo tiempo te diré que lo más importante es el recuerdo que yace en su interior. En esta canalización el lenguaje del recuerdo es el portador de tu esencia, y esa esencia aún late en todo tu ser.

Ni siquiera tienes que buscarlo o encontrarlo. Recuerda que ya fuiste. El ser no tiene tiempo y reside en ti.

Estas son las premisas necesarias para que canalices tu esencia, para que canalices esa información que tanto anhelas recordar, pues sí, es tuya, no viene dada por nada ni nadie externo. Y basta que recoloques tu eje, en ese lugar de espacio-tiempo, para que la «magia» ocurra y sea de nuevo.

Hay veces que sentirás que es a través de otra entidad como aviene la información.

Así yo me presento como Shakiel; tengo conciencia propia y conciencia grupal álmica y me expreso a través de mi propio grupo de almas. Esto aún es a veces complejo incluso para la persona que escribe, pero cada día se encuentra más cómoda en su lugar de espacio-tiempo primigenio.

El proceso de acomodación a ese nuevo, y al mismo tiempo viejo, espacio primigenio llevará tiempo en vuestros términos, aunque en realidad es un proceso de recalibración interna.

De eso hablaremos en la próxima canalización.

Marduk y el fin de la historia

Y de nuevo retomamos la enseñanza, allí donde se dejó. En un primer momento te hablé de una Tierra, o mejor dicho, de un momento en el espacio-tiempo donde Marduk era la Tierra.

Ese momento se refiere al instante en que se instauraron unos acuerdos, mundanos algunos, divinos otros. En ese tiempo se rompió el lazo de la raza humana con su divinidad.

Fue una cuestión genética en parte y espiritual en otra. Como alma te prestaste clara como el día y alegre como un bebé a jugar en un cuerpo que antaño conocías pero que ya no tenía nada que ver.

El cuerpo físico fue trastornado y las partes divinas desplazadas en pro de aquellas solo de supervivencia básica. No temas, no perdiste nada, solo fue diseminado para que pudieras jugar a volver a unir las partes por ti mismo.

Por eso, cuando te hablo de canalizar te hablo de situarte en ese momento previo en el que ya estabas conectado, para que tus partes divinas retornen por sí mismas al lugar que les pertenece. Y así, sin esfuerzo, sin técnica, sin búsqueda, tan solo con el gozo y el amor de volver a reconocerte, retornes a tu antiguo cuerpo, a tu anterior estado de ser.

No es un manual lo que necesitas, aunque es el modo en el que decidimos contactar más fácilmente contigo. Sabemos que quieres saber, quieres un cómo. Y, sin embargo, es el espacio del cuándo de lo único que te tienes que ocupar.

Ocupar, porque ocuparás tu cuerpo de nuevo, las conexiones retornarán, porque al magnetizar su intento de ser atraes irremediablemente todo tu ser a su lugar.

Soñar es aquello que más se parece a resolver este intrincado puzle de situaciones que te presentamos. Pero sabemos que ahora eres capaz.

Retoma el segundo intento del ser, aquel en el que te sitúas en la experiencia del momento real, el único que existe. Entonces puedes dejar de lado a tu mente, aquella que no te pertenece y que fue colocada allí con el único motivo de distraerte, de hacerte olvidar, y de hecho olvidaste.

Cuando estés seguro en tu segundo intento, sintiendo tu cuerpo y notando como eres conciencia y no mente, entonces entras en el tercer y último intento. El intento del retorno.

Desde ese lugar presente, que existe más allá del tiempo lineal, puedes entrar en el tercer intento, donde eliges sentirte como no recuerdas que eres, donde dejas de lado todo lo que conoces sobre ti y sobre tu mundo y eliges estar allí.

Allí es un lugar donde estás conectado con todos los momentos, donde te elevas sobre ellos y percibes el amor de la Creación.

En ese lugar tu cuerpo no es el mismo; está lleno de luz, emites luz y eres luz. Resuenas con el latido de la Tierra que tanto amas que decides venir una y otra vez.

De hecho, en ese momento vuelves a ser el caminante que acompaña a los animales, a las plantas y a todo ser vivo en ella. Eres su cuidador y estás tan cerca del Creador Primordial que gran parte de la Creación alaba o teme tus cualidades.

No conoces el miedo, porque eso es lo opuesto al amor, y por eso, mi querido amigo, deseaste embarcarte en esta aventura de puro amor en la que permitías que aquellos que no vibraban en amor sino tan solo en control, en demanda y en explotación, jugaran contigo a ser dios. Lo permitiste por la única razón que te ha sustentado siempre: ayudar a retornar a todos al Hogar.

Sé que es mucha información mi querido amigo, caminante, protector y creador. Hay mucho que asimilar, pero si tan solo comienzas a conectar con esa realidad, comenzarás a retornar las partes divinas que hay en ti y todo retomará su forma.

Lo que ocurrirá no es solo que podrás canalizar; eso es solo el inicio. Volverás a ver los colores de la Creación, aquellos reales que son muchos más de los que ahora conoces, más brillantes y tan verdaderos, que cuando ocurra sentirás que has vivido en blanco y negro toda tu vida.

Volverás a escuchar los sentimientos, el viento, la lluvia, las rocas, todo lo escucharás. Observarás los hilos de luz que conectan a cada ser vivo con los eventos en su vida y con otras personas. Podrás ver a todos aquellos que ahora no son vistos y reconocerás las dimensiones que ocupan el espacio que cohabitas con muchas más formas de vida de las que crees.

Todo eso y mucho más ocurrirá. No será inmediato, quizá requieras más de una vida, pero esto es el inicio de un comienzo que ya no tiene marcha atrás.

El tercer intento es aquel que te saca de la estrecha realidad en la que vives para volver a recordar toda la esencia divina diseminada en tu interior.

Y yo estaré junto a ti y lo veré.

Y así es. Con devoción, Shakiel.

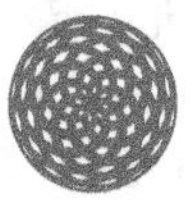

13. ORÁCULO DE URIEL Y SHAKIEL

*Dedicado al buscador que indaga en su corazón.
Aquel que permite que el deseo estimule su
imaginación y engrandezca su alma.
Tú que buscaste, finalmente te has encontrado.*

Este cuaderno contiene la energía de Uriel y Shakiel. Uriel es conocido por ser el arcángel que despierta la verdad y la sabiduría en la conciencia del ser humano. Trabaja con la luz dorada.

Shakiel, más conocido como Zadquiel, es el arcángel que nos ayuda a liberarnos de todo lo que nos quita la libertad a través de la transmutación. Trabaja con la luz violeta.

Vas a iniciar un proceso de purificación y de transmutación con su ayuda. Los mensajes que encontrarás son canalizados y despiertan tu conciencia y tu corazón. Sus palabras te sorprenderán y te sentirás acompañado y guiado.

El proceso es sencillo: te relajas y mentalmente haces tu pregunta. Después abres por cualquier página al azar y ahí tendrás tu respuesta.

Observarás que no es un oráculo sin más, ya que si lo deseas y permites, este será el proyecto de tu nueva vida. ¿Preparado?

Oráculo de Uriel y Shakiel

*Deja que Uriel y Shakiel sean
tus maestros espirituales personales.
Recibe su ayuda a través de un mensaje
que te guíe en cada decisión.
Embárcate en un proceso de empoderamiento.
Canalización de presentación de Uriel*

Figura 10. Deja que Uriel y Shakiel sean tus maestros espirituales personales.

Saludos mis queridos, yo soy Uriel. Mi nombre es conocido por muchas culturas y en diferentes tiempos se me han atribuido diferentes quehaceres y dones. Por todo ello estoy agradecido. Pero es ahora, en esta nueva etapa, en la que quiero presentarme por mí mismo.

Yo también soy un buscador como tú. A mi manera he estado presente en muchas civilizaciones y ayudado a muchas culturas diferentes. En este tiempo que llega para la Humanidad he elegido venir en este modo que no es más que uno más de tantos en los que estoy presente.

Mi función aquí y ahora es transmitirte mensajes de esperanza y transformación para que seas tú mismo aquel que decidas cambiar y evolucionar.

Cualquier persona puede canalizar mi energía, puede beneficiarse de mi apoyo si lo necesita. Nunca haremos el trabajo por ti, eso es una constante para todos aquellos que hemos elegido ser guías de la Humanidad. Tan solo sostendremos un espacio en el que puedas retomar tus propias fuerzas y capacidades, un espacio en el que recuerdes finalmente quién eres.

Por ello te presento este oráculo. Sabemos que muchas veces dudas; conocemos tus miedos a avanzar y soltar. Así hemos creado un espacio donde puedas acceder a nuestros mensajes sin que encuentres dificultad alguna para conectar con nosotros.

Siempre recibirás aquello que necesitas escuchar. Siempre estamos a tu lado, acompañándote y velando por tu integridad.

Escucha tu corazón y en él encontrarás siempre un refugio, cálido y agradable, siempre preparado y dispuesto para ti.

Así es nuestra devoción por ti. Hay mucho que recordar, pero por ahora te impulsamos a que resuelvas tus propias situaciones de desequilibrio, aquellas que empañan tu día y que en ocasiones sientes que no te dejan avanzar.

Para ello, aquí tienes nuestros mensajes, que siempre impulsarán tu seguridad y tu bienestar.

Bienvenido a un nuevo despertar.

Uriel.

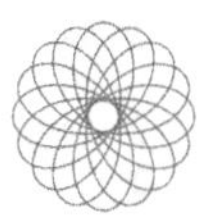

Es el inicio de un nuevo camino, un paso al frente en tu vida te ha llevado finalmente hasta aquí.

No temas y no dudes, pues aunque a veces el camino parece sembrado de piedras es mejor andarlo que quedarse al margen mirando.

Sigue el dictado de tu corazón, pues en él hallarás confianza y el tesón necesario para continuar.

Sentirás por momentos que el suelo bajo tus pies es efímero y no se sustenta. Sin embargo no temas, puedes hacerlo. El momento que largo tiempo esperaste ya ha llegado.

Has sido llamado a la obra de la divinidad

Este es un llamado hermoso y que requiere paciencia y fortaleza por tu parte, pues muchas pruebas se organizarán para ti, para que seas capaz de abandonar tus antiguas vestiduras y liberarte de traumas pasados para de este modo poder servir a la Humanidad.

Sin duda es un camino que te cambiará a ti y a aquellos que toques.

La abundancia está en ti y está llegando

Esto significa que has entrado en una nueva situación activa donde tú mismo eres el actor de tu vida. Has encontrado la verdad en tu interior y sabes que ya nada puede quitarte esa certeza, tú Eres.

Confía en que esa certeza simplemente Es, a pesar de las circunstancias de la vida, recuerda que la vida es.

A partir de hoy eres más consciente de tu poder, para bien y para mal. Los ángeles nos regocijamos; finalmente has llegado hasta aquí.

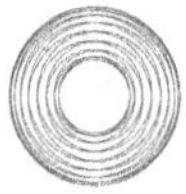

Buenas nuevas llegan a ti. El terreno que pisaste comienza a ser llano

Has pasado mucho para llegar hasta aquí y nos regocijamos contigo pues ya estás listo para dejar de sufrir.

Este período no ha sido yermo, ha servido de mucho pues te ha traído hasta aquí, a este lugar donde finalmente te hiciste las preguntas adecuadas. Estas sirven para que deseches todo aquello que no le sirve a tu bienestar, interno y externo.

Libérate, libérate, libérate. Y así es.

No dudes, querido

Todo es perfecto cuando se escuchan los deseos reales del alma. La voluntad te hace libre.

No dependas de otros ni de otras opiniones; sigue sin rasgos de mentira tu corazón. Él es sabio y siempre te guiará al mejor camino para ti.

Sí sabes lo que quieres, sí puedes llegar allí. Basta que te mantengas con voluntad y con el amor en tu corazón y llegarás.

Y así es.

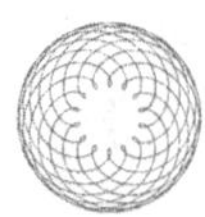

No es tiempo de esperar, es tiempo de actuar

Sí, mi querido, ya ha llegado el momento de levantarse y quitarse las telarañas. Ahora es tu momento, aquel que siempre pediste.

Purifícate antes de comenzar, aclara tu mente y enfoca tu deseo en el corazón divino. No hay error cuando actúas desde el corazón.

Comienza ya tu nueva andadura, es el momento.

La pregunta que efectúas no es la correcta

Querido amigo, busca más profundo, estás quedándote tan solo en los albores de tu deseo real. Deseas ser amado y estimado, pero eso pasa porque aprendas a respetarte y a amarte. No puede expresarse a través de otras personas, sino tan solo a través de ti.

Yo Soy, y voy a acompañarte por unos días para ayudarte a que aceptes tu belleza.

Solo puedes ver el mundo a través de ti, y yo te recordaré como mirarte con amor.

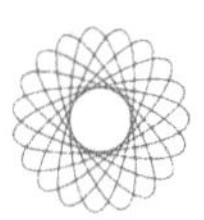

Querido buscador,

Tu camino actual es el de la colaboración. Busca personas afines a ti, o simplemente observa a tu alrededor y estate atento a las sincronicidades.

No siempre parecerá que la experiencia es justo lo que pensabas o esperabas. Se trata de eso querido amigo, se trata de eso.

Es beneficioso para ti pasar por ciertas situaciones que te llevarán a nuevos caminos.

No pierdas el gusto por caminar, pues el caminar lo es todo.

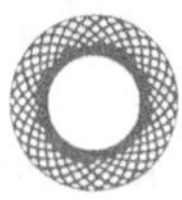

Acudo hoy en tu ayuda para apoyarte durante estos momentos de confusión, enfado y vergüenza

Con mi manto yo te cubro, para crear un espacio donde puedas refugiarte siempre que lo desees. Admiro tu paciencia y tu fuerza interior. Aunque piensas que ya no queda nada, todo está aún por venir.

Querido amigo, los ángeles estamos aquí para ayudarte a lidiar con tu dolor y recordarte que no hay un solo camino. Siempre puedes elegir, puedes aceptar que la situación es la que es y con ello aceptar la lección que en su momento decidiste aprender.

¿Y cuál es el mensaje? me dices. El mensaje siempre es el amor y el perdón. Comienza perdonándote a ti mismo, no hiciste nada para estar allí. Simplemente como alma elegiste unos lugares donde experimentar ciertas situaciones, por amor a ti y a otros, para ayudarte y ayudar a otros a reconocer el amor verdadero. No es necesario por tanto que sigas allí, en ese lugar que no te honra, es tan solo un lugar de paso. Si estás aquí es porque ya has comprendido que no es bueno para ti.

Honramos tu camino y tu entereza y te enviamos una capa de energía para que sientas que no estás solo y que puedes cambiar tus circunstancias a través de buscar lo mejor para ti.

Te honramos. **Así es la vida**

La vida, mi querido es, un sinfín de oportunidades, pero para verlas, debes hacerlo usando los ojos del corazón. Que tu respiración sea tu latido, aquel que te recuerda a cada instante: ¡estás vivo!

Vive, mi querido, acorde a tu mayor verdad, no sientas temor, pues eso no es más que una emoción, una de tantas que la raza humana atesoró con regocijo en el momento de su nueva formación. Pero tu emoción actual no eres tú; eres un ser enormemente grandioso que ha elegido tomar retazos de sí mismo para experimentarse de forma diferente, más limitada, y ayudar a otros a su desarrollo evolutivo.

Por ello te decimos, mi querido, usa con alegría y amor tu tiempo, pues aunque eres un ser eterno e infinito; tu paso por la vida con tu actual personaje ese sí es limitado.

Elige con cariño tus circunstancias y da y recibe todo el amor que puedas

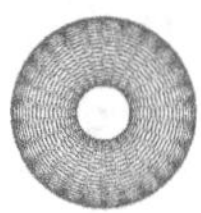

Estás resuelto a cambiar tu vida y eso nos hace sentir mucha alegría

Por fin, mi querido, por fin has deseado algo nuevo y mejor. Por fin te has visto en un modo diferente al habitual. Ha llegado el momento para ti de sopesar todo lo que te rodea y elegir aquello que te gusta y te aporta, y también de desechar aquello que no habla de ti.

Sabes cuales son todas esas cosas que ya no hablan de ti, de tu grandeza, y te decimos, ¡bravo!

Te acompañaremos por unos días para ayudarte a elegir, para limpiar la confusión de tu cuerpo mental, para aliviar la tensión de tu cuerpo espiritual.

No fallas a nadie cuando eliges un nuevo camino; solo te fallas a ti mismo cuando no eliges lo mejor para ti. Un futuro bello y novedoso se abre ante ti y allí estaremos, sonriéndote cuando te veamos llegar. Y así es.

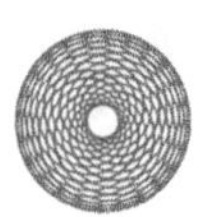

¡Vuela alto y seguro!

Has llegado muy lejos y ahora estás comenzando a ser consciente de tu poder y de tu valor intrínseco.

Hay mucho movimiento alrededor de ti y tu entorno cambiará a medida que tú cambies.

Has transmutado muchas de tus antiguas emociones bajas y comienzas a elegir aquellas bellas, vibrantes y energizantes que te ayudan cada día a estar mejor, más centrado y sabiendo lo que quieres.

Esa nueva actitud hace que el camino sea más directo, que no te pierdas por callejones sin salida que no hacían más que abrumarte y confundirte.

Eso ya pasó y sabes, muy profundo en tu interior, que algo ha cambiado para siempre.

Ahora eres consciente de tu ser.

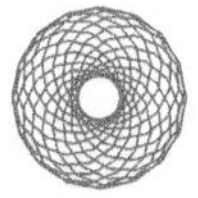

Amado mío,

Aquí estoy, a tu lado, conociendo tu sentimiento de soledad, y por eso vengo a decirte que nunca estás solo. Somos un nutrido grupo de ángeles y sirvientes de la luz cuya única misión es apoyar a la Humanidad en su proceso de redescubrimiento. En este momento te sirvo a ti, amado amigo. Aunque tú no lo recuerdes, en el otro lado nos conocemos y reconocemos como iguales.

Por eso estoy aquí, para recordarte quién eres, quién fuiste y quién serás. Tu pasado, presente y futuro están entrelazados en formas que ni siquiera puedes ahora mismo comprender.

Todo es perfecto, mi querido amigo. Las etapas de soledad te sirven para entrar en tu interior y reconocer que hay mucho más de lo que se aprecia en la superficie. Es momento de introspección para ti; aprovéchalo para re-conocerte. Vale la pena el esfuerzo y la recompensa es infinita, yo te ayudaré.

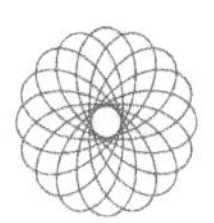

Canalizar es tu camino

Estás en un cruce de caminos; a un lado está el camino conocido, aquel que te dice, «sí, por aquí, ya me conoces bien, aquí estás seguro».

Y, en el otro lado, hay un amigo esperándote que te alienta: «adelante, no temas, yo te acompañaré. Habrá muchas sorpresas y tu vida nunca volverá a ser la misma». ¿Qué eliges querido amigo? ¿Lo ya conocido quizás?

Yo siento tu alegría y emoción contenidas, sé que ya has elegido. Los inicios son casi siempre complejos, pues un cambio requiere de ti muchos ajustes, pero te aseguro que el propio camino cambiará tu modo de ver la existencia completa.

La pasión

¿Qué es lo que te has perdido? parece que hay sensaciones en ti que te causan desazón. Sientes que hay algo que te falta. No es un fallo, pues no sabes de qué se trata, pero tienes un enorme agujero dentro de ti.

Sientes la necesidad de buscar, pero no sabes el qué. No hay ningún lugar que te brinde aquello que has perdido, pues está dentro de ti y es la pasión por la vida.

Estoy junto a ti para ayudarte a recuperarla, para que salgas de la oscuridad tenue en la que te has encerrado. Nadie te acecha, nadie te causa dolor, solamente tú mismo tienes el poder de hacerte eso y mucho más.

Siente la vida como una sustancia preciosa que puede fluir o puedes desechar. Hasta ahora no la has valorado; ahora te pido, querido amigo, que permitas que te ayude a recordarte lo preciosa y valiosa que es tu vida.

Lo mucho que influyes en cualquier persona que tocas, incluso con un mero pensamiento, y lo importante que eres para el desarrollo del Plan de la Humanidad.

Deja que te meza por unos minutos, mientras calmo tu dolor y lo lleno con pasión. Renueva tu pasión por cualquier cosa que te haya gustado alguna vez, renueva tu pasión por ti y por tu vida.

Y así es.

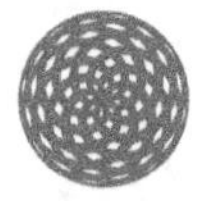

Hoy me entrego a ti, principio de todos los principios

Te entrego todos mis errores, mis creencias, mis dolores,

Para que los eleves y transformes en la perfecta divinidad que fueron siempre.

Bendigo cada palabra, pensamiento y acción, por la divinidad primordial que mora en mí.

Agradezco a cada parte de mi cuerpo físico la sanación, elevación y transformación preciosa y perfecta en armonía con el ser divino y primordial que existe en mí.

Agradezco a mi mente, porque se transforma y eleva cada día en la mente universal y primordial de Aquel que reside en mí.

Agradezco porque mi espíritu se funde en todo lo que soy, he sido, y seré llenándolo de la calma, amor y comprensión del Espíritu divino y perfecto.

Toda mi experiencia vital durante este día está siendo bendecida.

Y así es.

Querido amigo,

Puedo sentir tu dolor, está contigo desde hace mucho tiempo. Lo has guardado con celo, pensando que eso te hacía fuerte, que si no lo dejabas salir entonces ya estaba superado.

Hoy estoy junto a ti y voy a ayudarte a que lo liberes. Permite que te ayude, permite que la liberación del dolor acompañe a la comprensión. No tienes que culparte por nada de lo que ocurrió; la vida está plagada de experiencias y esa ha sido una de ellas.

El conocer tu dolor te hace fuerte, pues eres sincero contigo mismo, te miras al espejo y te dices: «sí, yo estuve allí. Sí, yo sufrí. Sí, yo erré»

Tu perfección es tu capacidad de aprender de aquellas situaciones vividas. Hoy te honramos, querido amigo, por la fuerza divina que hay en tu interior y que sacas en cada momento de tu vida.

Hoy el mensaje es ¡libérate!

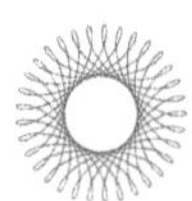

Aún no es el momento, sé paciente

Sé que estás cansado querido amigo, por eso hoy acudimos a tu llamado y te acompañamos.

Hoy derramamos sobre ti una vasija de bendiciones, energía preciosa que te pertenece y te ayuda a continuar aún más.

No temas, la meta que anhelas está cerca pero aún queda un poquito más.

Recibe con amor nuestras bendiciones, que te acompañarán y te darán fuerza para que continúes, unos pasos más, tu camino.

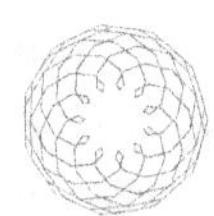

Tu plegaria ha sido escuchada

Estamos trabajando contigo, co-creando las circunstancias mejores para ti, charlando y organizando contigo mientras duermes.

No temas, estás acompañado y la ayuda ya ha llegado. Esta ayuda no es por algo que hayas hecho, o porque te la merezcas, simplemente es porque la has pedido y nos has permitido entrar y acompañarte en tu proceso.

Tus guías y nosotros, los seres de luz, estamos encantados de ayudarte. Nunca haremos el trabajo por ti; eso no sería una ayuda, sino una déspota imposición.

Te amamos tanto que queremos ayudarte siempre a que puedas reconocer la fuerza que reside en tu interior.

Puedes conseguir todo lo que desees y nosotros te acompañamos y te ayudamos.

Y así es.

El cuerpo puede sanar

Sí, has escuchado bien; ese proceso de enfermedad que te preocupa puede remitir.

Hay días en que te asalta la duda, e incluso pasas noches despierto dudando acerca de qué ocurrirá.

Venimos a traerte esperanza; esa enfermedad está allí tan solo para traerte un mensaje. El mensaje es que la curación está en el propio cuerpo.

Puedes ayudarte de aquellas soluciones humanas que tienes a tu alcance, y también es necesario que la mente cada día visualice un enorme y brillante amanecer en el corazón para después estallar en un fabuloso sol. Ese sol iluminará cada día desde el corazón y ayudará a rejuvenecer cada célula.

El ser humano no tiene por qué sufrir; no elijas el pensamiento del sufrimiento.

Elije siempre la esperanza y la vida.

Inicio de un nuevo ciclo

En tu vida está ocurriendo un re-inicio, lo que significa que puedes volver a experimentar algunas situaciones que creías superadas, y en parte lo están. Pero se repetirán en menor medida para que seas capaz de asentarte en tu nueva forma de actuar, de sentir y de ser.

Esto no es una prueba, sino una ayuda que te lanzas a ti mismo para reforzarte. Hay veces que necesitas mirar atrás y saber que lo hiciste bien, sentir que has tomado el camino correcto. Este reinicio te lo permitirá. Alégrate, pues de este modo nunca más volverás a pasar por esa lección de vida, alégrate porque de este modo te convertirás en un ayudante maravilloso de todos aquellos que aún no saben cómo superar esas lecciones.

Alégrate porque te estarás convirtiendo en un maestro vital.

¡Puedes hacerlo!

La fuerza y el cambio están ahora en ti.

Aprovecha este momento en el tiempo para recolocar todas aquellas situaciones en tu vida que no te ayudan y tampoco te benefician.

Es el momento en que tienes la fuerza para hacerlo y el viento del cambio a tu favor.

Ánimo mi querido, ya estás en el camino y ya estás caminando, aún incluso cuando todavía no te habías dado cuenta. Y así es.

Esto no es más que una ilusión

Yo soy el pensador de mi universo.

Mis pensamientos producen cambios en mi entorno y en mi vida.

Soy conciencia pensándose a sí misma.

Todo es posible si tan solo lo permito.

Me abro a las nuevas experiencias que me regala la vida.

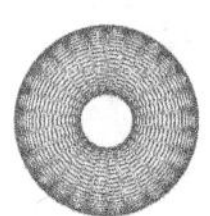

En el momento en que sueltas la necesidad de juicio, dejas de calificar

Aceptas que simplemente es.

Entonces te conviertes en el observador.

Y el propósito de esa experiencia finalmente se muestra.

En ese momento... te liberas

Acudes a nosotros presuroso pidiendo ayuda para saber si tu anhelo es correcto

Aprobamos que te observes y preguntes siempre si ese es el camino. Eso nos muestra tu calidez de carácter, siempre dispuesto a tomar otra dirección.

Este es un atajo; ya era hora para ti de que llegase. Lo has estado atrayendo para otros a tu alrededor y la abundancia ahora rebosa hacia ti y dentro de ti. Tan solo recógela, es tiempo de cosechar.

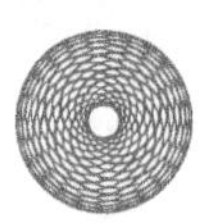

Nadie te lo va a dar. No tienes que rogar, ni que pedir permiso, solo tienes que permitirlo

El proceso ya está activo, ahora solo tienes que continuarlo. La seguridad entra en ti en el momento en que no te preocupas, simplemente dejas que fluya a ti.

El principio de toda acción es el deseo, ese ya lo tienes.

También las razones que lo sustentan, su objetivo. Estás en la última fase, la creación, no desfallezcas, estás casi ahí.

Ya estás recibiendo ayuda.

Y así es.

¿Cuál es el mensaje de hoy?

El mensaje de hoy, querido, es sobre el dolor.

Cuando sientes el punzante dolor dentro de ti, solo sientes deseos de desgarrarte por dentro. Es una furia desatada que se extiende desde dentro y se lleva cualquier otro pensamiento, emoción o deseo.

Mi regalo está llegando desde las altas esferas; ahora estás comprendiendo lo que te enseña el dolor. Sí, mi querido, te está enseñando a parar, a que pares esa vida que te has forjado con tanto empeño.

Empeño en agradar a los demás, en hacerte valorar, empeño en esforzarte.

Ese es el mensaje: déjalo, deja ir todas esas obligaciones que tan solo te causan... dolor.

Sé capaz en este instante de ver la belleza de soltar.

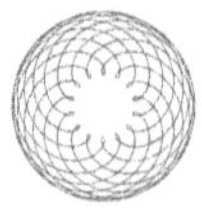

¿Has sentido alguna vez que todo está predeterminado en ti?

Sabemos de tus miedos, y venimos a anunciarte que eso no lo es en tu caso.

Eres un ser divino, y por ello tienes todas las opciones a tus pies.

Es cierto que tú mismo, como alma, elegiste de hecho muchas circunstancias. Elegiste.

Pero por la divinidad que existe en tu interior tienes siempre la opción de cambiar incluso las circunstancias que ya elegiste.

No te sientas mal; si lo haces estarás honrando más que nunca la divinidad que te creó, pues estarás demostrando la divinidad que es el don de ser y elevarte ante cualquier circunstancia.

Lo mundano no es tu naturaleza, lo divino lo es.

Lo hallado busca respuesta

Has encontrado lo que buscabas y en este momento no sientes que sea una victoria; ni siquiera sientes la alegría que esperabas.

Revisa las razones que te llevaron a ello y pregúntate: ¿son estos los deseos del corazón?

No sientas ira ni desdén; este proceso te va a ayudar a que conectes realmente con los deseos de tu corazón.

Te ayudará a que sepas diferenciar lo que quiere el ego, lo que la sociedad te dice que es lo correcto y lo que te hace feliz.

Aún te queda un poco más para identificar tu vida con aquello que viniste a hacer. Es correcto equivocarse para así retomar con más fuerza el camino original.

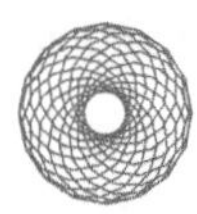

En la tiranía está la respuesta

Has viajado por largo tiempo en las tierras de la desidia y eso te ha llevado a donde te encuentras ahora. Sabemos que no es donde quieres estar, pero es bueno que hayas llegado finalmente a esa conclusión. Pregúntate, ¿si no me hubiese forzado por tanto tiempo a estar aquí, me plantearía un cambio real? ¿Si no hubiese sufrido de este modo, me preguntaría si este es el único camino para mí?

Bravo, mi querido, la fuerza comienza a surgir en ti. Al inicio viene como enfado, después permite que salga la tristeza, y una vez que te vacías, es entonces cuando las cosas se ponen interesantes, es entonces cuando te permites soñar y cambiar los aspectos en tu vida que te hacen sufrir.

Es bueno que cambies de aires durante el proceso, es bueno que te rodees de personas que te aportan, es bueno que practiques desde hoy el quererte. Nosotros estamos contigo, nosotros te apoyamos, nosotros te ayudamos. Y así es.

Pasando arena...

¿Te suena? Quizá no te has dado cuenta pero llevas largo tiempo inmerso en actividades que no te llenan, que no despiertan interés en ti.

¿Es posible que te hayas olvidado de soñar? ¿Es incluso probable que te hayas dejado llevar por la rutina?

Sí, mi querido, lo sabemos porque te vemos y te acompañamos cada día. Somos tus amigos más queridos, pues te amamos en el respeto y en el cariño, y por eso venimos hoy a ti a darte este mensaje, ¡deja de pasar inútilmente arena!

Revisa lo que sueles hacer a lo largo del día y hazte esta pregunta: ¿es esto lo que realmente quiero para mí? No te preguntes si puedes hacer otra cosa, ni dejes a tu mente que divague dándote razones de por qué hay que hacer esto o aquello.

Tan solo te pedimos que te preguntes si eso es lo que quieres para ti y después dejes paso a la mente del niño y notes cada deseo del alma que surja.

Esas anotaciones llévalas contigo y revísalas cada día y verás cómo, poco a poco, tú mismo te convencerás de dejar de pasar arena.

Con todo nuestro amor.

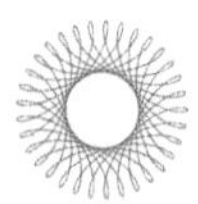

Buscando el modo de cambiar...

Sí, mi querido, sabemos que estás intentando cambiar las cosas, pero no sabes cómo. Nosotros te decimos: no temas, estás cada vez más cerca a cada paso que lo deseas.

No hay un modo específico de realizar esos cambios sino muchos en realidad. Dependerá de la capacidad de amarte y abrirte a las sorpresas del espíritu.

Te proponemos un trato: nosotros vamos a ayudarte a que veas las sincronicidades llegar, te ayudaremos además a que la energía de tu verdadero deseo se abra paso en tu corazón, pues solo a través de tu intención clara, tu realidad puede cambiar.

A cambio te pedimos que cada día te regales diez minutos para respirar. Si, has oído bien, simplemente respirar. Te pedimos que sientas la respiración en tu cuerpo y nada más.

Querido mío, no sabes los milagros que obrarán en ti esos diez minutos, tu realidad cambiará. ¿Trato? Y así es.

Has dado en el clavo...

Sí, tu pregunta ya está respondida; en tu interior sabes perfectamente que lo que anhelas es posible.

Ahora nosotros te preguntamos: ¿tan solo es posible de esa manera?

Queremos que reflexiones, mi querido, pues a veces los árboles no te dejan ver el bosque.

Pregúntate: ¿es la manera en la que lo estás intentando la más fácil, la más asequible? ¿O quizás es la más difícil?

Ahí está, mi querido; siempre el camino de espíritu es el más sencillo.

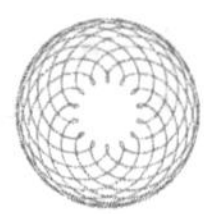

La bienaventuranza

Estás siendo bendecido a cada paso en tu camino. Tus guías están orgullosos del cambio que diste y ahora recoges todo lo bueno que siempre mereciste pero que a veces no te permitías.

Ahora la calma comienza a reinar en tu vida y puedes respirar a pleno pulmón sintiendo la belleza de la vida.

Disfruta de este cálido y apacible verano por el que pasa tu alma; lo mereces mi querido amigo, lo mereces.

Ahora tan solo te pedimos una cosa: ¡¡¡Disfruta!!!

La naturaleza te llama

Es tiempo de reposar y disfrutar; imagina que estás yendo a visitar la casa de unos familiares que te aman, que te cuidan, que siempre están allí si tú lo deseas, que nunca se entrometen en tu vida sino que se mantienen como un sostén.

Imagina que caminas por un sendero apacible, plagado de flores; deja que su fragancia te invada.

Imagina que eres recibido con un sincero abrazo y una amplia sonrisa.

Así es la madre naturaleza, un familiar que sientes como lejano y olvidado pero que siempre está disponible para ti.

Pediste soluciones, crecimiento, evolución y comprensión, y te decimos, todo eso allí lo encontrarás.

Pasa tiempo en la naturaleza y deja que su lenguaje invisible te hable. Entonces comenzarás a ser partícipe del mundo oculto y, en ese instante, la alegría y el entendimiento ocurrirán. Y así es.

¡¡¡Despierta!!!

La divinidad está en tu interior, rebosa cada día dentro de ti, ¿no la escuchas?

No busques fuera lo que tan solo puedes encontrar dentro.

Hay muchas cosas en tu mundo que te embelesarán; esa es su función y está bien.

Te sirven para que al final comprendas que no hay nada exterior, tan solo tú mismo.

No es el exterior el que te brindará la paz, solo tú eres el dueño y señor de tu alegría, paz, autoestima y dicha.

Saludos mi querido

Hoy vengo a recordarte que la vida está llena de múltiples matices, que no necesitas limitarte, que puedes escoger muchas opciones a la vez.

Esto significa que no hay una sola respuesta, ni un solo camino a tomar. ¿Por qué no haces una combinación? Suelta las amarras que te atan, aquellas que te dicen esto es así o esto es solo de este modo.

¿Qué tal si haces un esfuerzo y olvidas las opiniones que te has forjado? Te sorprenderás; las respuestas serán claras y concisas en el momento en que olvides tus opiniones.

Salta a la vida, llénate de ella y sé feliz.

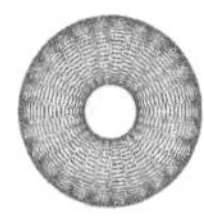

Expiación...

Eso es lo que sientes pues la culpa y la crítica llenan tu afligido corazón. Por favor, deja que mis palabras sean un bálsamo sanador para ti; tú no eres culpable de nada.

Si supieras lo que yo sé, si pudieras ver tu vida desde mis ojos, aunque tan solo fuera por un instante, verías las implicaciones que contiene. Podrías entender las relaciones y las razones de los sucesos que has vivido y cómo han influido en los demás.

Vengo a decirte que sueltes esa impronta de dolor autoinflingido. No puedes actuar ni decidir por otros, tan solo por ti. Por ello no te culpes por las circunstancias que han podido golpear tu vida o la de tus seres queridos.

No hay culpa, tan solo hay circunstancias. Hay veces en que un gran dolor oculta una gran liberación a un nivel que ahora no puedes comprender. No lo intentes; llegará el día en que lo harás, pero no es ahora.

Querido mío, deja que te cubra con mi manto de amor y comprensión por unos días para ayudarte a sanar tus heridas y a transmutar todo el dolor que has llevado contigo hasta el día de hoy. Aquí estoy y así es.

¿Te apetece un cambio?

¿Entonces por qué no cambias? Sabes, mi querido, es más fácil de lo que crees, pero solo si lo crees será posible. Estoy aquí para brindarte el conocimiento del cambio.

El cambio es posible cuando comienzas a observarte como alguien desconocido; en ese momento puedes sin duda ver con claridad los procesos donde te quedaste estancado, las circunstancias que no te aportan y las actitudes que no aceptas de ti mismo.

El cambio, querido amigo, es posible desde el momento en que comienzas a tratarte como a un desconocido.

¿Cuántas veces has tratado a un nuevo conocido mejor que a ti mismo y le has ofrecido tu tiempo, tu ayuda y tu mejor sonrisa? ¿Y qué tal si ahora te ofreces esa misma actitud a ti mismo?

De eso trata el cambio, mi querido, de actitud.
Y así es.

No seas tan crítico

Por favor mi querido, trátate bien. Pasas gran parte de tu día teniendo discursos interminables sobre qué hiciste mal o qué se podría mejorar, o por qué no haces esto...

Venimos a recordarte que eres perfecto tal y como eres. Venimos a contarte una historia, un cuento donde el protagonista pasa gran parte del relato haciendo las cosas mal.

Esto es un gran regalo, pues gracias a todo lo que hace mal, al final es capaz de hacerlo bien. Gracias a todos sus errores al final es capaz de reconocer su más grande Yo.

Entonces, mi querido, ¿el personaje es malo o es bueno? Efectivamente, es tan solo una historia, tan solo circunstancias, al igual que las tuyas.

No te califiques por tus circunstancias, experiméntalas, obsérvalas y saca el mayor provecho de ellas.

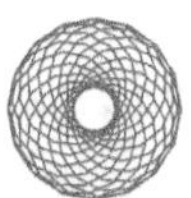

La sabiduría está en ti

¿Cuántas veces has escuchado esto mi querido? ¿Y cuántas veces lo has puesto en marcha? Es por esto que hoy estamos aquí. Recuerda en cuántas ocasiones sentías una intuición, de que esa persona estaba siendo sincera, de que aquel trabajo no era para ti, de que esa situación no era la correcta... Sabes que tengo razón porque yo moro en tu corazón cuando tú me lo permites.

Yo conozco cada una de las respuestas que tu corazón te daba mientras tú pedías opiniones. Incluso podía sentir todas las veces que tu corazón se empequeñecía, cuando, a pesar de saber en tu interior que no era así, hacías caso de la opinión del otro en lugar de la tuya propia.

Basta ya de no escucharte, basta ya de no valorarte. Estoy aquí para recordarte lo grandioso y espléndido que eres, aunque no lo recuerdes. No te compares, no es necesario, todos son maestros al igual que tú y todos están aquí aprendiendo al igual que tú. Entonces, ¿quién mejor que tú mismo para decidir?

La sabiduría reside en tu corazón.

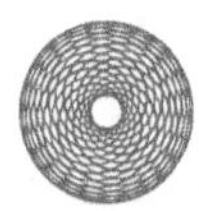

Alegría

Has llevado por mucho tiempo los zapatos de la obligación y te pareció bien, incluso en muchos aspectos te ayudó.

Sin embargo, has dejado mucho en el camino y olvidaste que una de las cualidades más importantes en el ser humano es la alegría del ser.

Te proponemos un ejercicio: cada día busca una razón sincera para sentir alegría. Quizá al inicio no sientas la necesidad de reír, eso vendrá después, simplemente hazlo.

La alegría es la mejor medicina. No estás apático, sino que te aburriste de ti mismo.

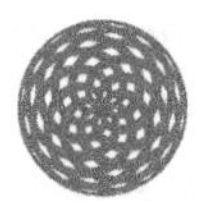

Añoranza

Hay días en que te despiertas con la sensación de haber perdido algo; rebuscas en tus recuerdos buscando la emoción que lo ejemplifique y a menudo vuelves a partes de tu vida donde te sentías pleno. Querido amigo, fuiste creado pleno, naciste con el derecho a la plenitud absoluta, no lo olvides. Has dejado que la añoranza y la melancolía tiñan tu vida actual. Sin embargo, mi querido, eso no cambia el camino.

Has elegido mirar atrás para no mirar con detenimiento tu vida actual. Te pedimos esta vez que hagas el esfuerzo de mirar con ojos nuevos. Te prestamos nuestra mirada para que puedas hacerlo de forma ecuánime.

¿Lo ves? Hay cosas que no son tan malas, sino que no las miraste bien, y hay otras que no tienen por qué estar ahí. Entonces, ¿por qué no las cambias? Retoma tu poder, querido amigo, decide en tu vida y actúa en consecuencia con desapego. Es entonces cuando ya no será necesario escudarse en mirar atrás.

Es entonces cuando recuperas de nuevo tu poder, tu vida, a ti mismo.

Y así es.

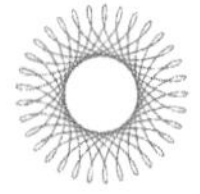

Confianza

De nuevo te decimos mi querido, confía.

Sabemos que lo has pasado mal, que has sentido dolor, incomprensión y muchas dudas, pero ya ha pasado ese tiempo.

Has comenzado a confiar en ti, a confiar en que a veces el no hacer es lo mejor. A veces el ser observador y no actor es lo adecuado.

Has comenzado a respetarte y a respetar tu espacio, y de este modo puedes respetar al otro.

En ese momento has abierto un portal de oportunidad donde las cosas que soñaste comienzas a verlas como posibles, y cuando continúas con esa actitud, incluso comienzas a planteártelas como probables. Y la confianza se instala en tu corazón.

Practica cada día la confianza y serás el rey que viniste a ser.

¡¡¡No es nada!!!

Mi querido, estás dando mucha importancia a circunstancias y cosas que no la tienen. No desperdicies tu poder en lo que no lo merece.

Observa a tu alrededor y admira la belleza del lugar donde estás. Observa atento los detalles de los rostros con los que te cruzas cada día, ¿puedes oírlo?

Sí, ellos también están inmersos en su charla interior, pero, si te fijas, cada vez hay más como tú. Más personas que comienzan a entender que no es tan importante.

De ese modo puedes dar importancia a las cosas reales; regala una sonrisa sincera a la persona que tienes al lado, sé amable con aquellos con los que te cruzas y piensa en lo bello de tu vida.

En esos momentos estás siendo un creador.

No lo olvides, solo tú puedes darle o quitarle valor a tu vida.

Siempre adelante

Ánimo, finalmente estás ocupándote de las cosas que realmente quieres, finalmente estás creando las circunstancias que siempre deseaste, pero aún no te has acostumbrado, aún sientes miedo de perder el ritmo.

Querido mío, aunque quisieras no podrías dar marcha atrás, pues es la naturaleza humana el seguir siempre adelante. Incluso cuando no lo sabes te estás moviendo, incluso cuando no lo quieres te estás moviendo.

Piensa un segundo, ¿recuerdas algún día en tu vida donde no pensaste ¡bravo! eso es moverse? La vida no es material como tú la percibes, y se mueve cuando la piensas, que es todo el tiempo.

Desde que decidiste pensarla de modo diferente has notado cambios. Perfecto querido, estás en el camino. No te preocupes por ir hacia atrás. En todo caso, si lo deseas, tómate un descanso para después continuar. No temas, nada verdadero se pierde, lo que has conseguido continuará.

Con valentía y decisión, abrazo los anhelos de mi alma

Admiro la inmediatez de mis obras armoniosas.
Suelto y me libero con alegría de mis roles.
Abandono el personaje en cada aspecto de mi vida.

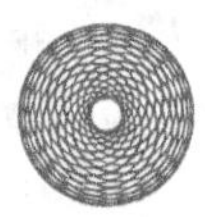

Humildad y voluntad: poder

Admiro la divinidad que hay en mí.
Valoro mis esfuerzos y mi camino.

Ese proyecto que tienes en tu mente...

¡Adelante!

No te niegues los deseos de tu alma; si son verdaderos y no responden a los deseos de otros o a aquellos que pensaste que debías tener, entonces son tuyos.

¿Cómo puedes saberlo? Basta con que te preguntes que es lo que van a aportar a tu vida, a tu felicidad, a tu familia. Y también qué coste conllevan, ¿o quizá no tienen?

Esas son las pruebas del espíritu, aquellas que acordaste junto a él, en el no-tiempo, antes de venir aquí, antes de tomar tu traje.

Es perfecto que dudes, mi querido, de ese modo practicarás la sabiduría del corazón.

Y así es.

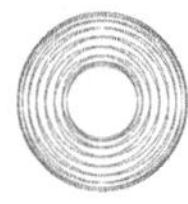

No aceptes limitaciones de tu ego

Esta breve frase contiene un poder infinito, pues toda tu vida ha estado limitada por aquello que creías debía ser.

Ni siquiera la limitaste por aquello que creías posible, sino tan solo por lo que debías.

El ego es una parte de naturaleza miedosa y negativa que se instaló contigo en un momento de la evolución humana.

No es aquella parte que piensas que te ayuda en las tareas habituales de tu vida, que te avisa cuándo pagar facturas y cuándo ir a trabajar.

Esa es tu mente lógica y está allí para hacer esa función.

El ego no te pertenece, nunca fue tuyo y nunca ha tenido la naturaleza divina de la que estás formado tú.

Por tanto, ¿a qué esperas para deshacerte de su tiranía?

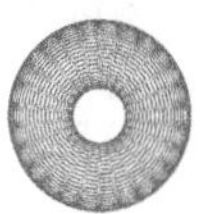

Atrévete a ser

Cuántas veces te has imaginado siendo una persona en calma y poderosa, tranquila y feliz, alegre y divertida...

Al igual que organizas tu casa cuando quieres ordenar o pintar, también puedes prepararte para abrazar una nueva forma de ser.

Ni siquiera hacen falta cursos o formaciones, o quizá visitas al terapeuta; si te ayudan están bien, pero tan solo para el empujón primero.

Si te mantienes en fase de aprender, si no te quitas el vestido de alumno o aprendiz nunca podrás liberarte de todos los vestidos.

Ni siquiera el vestido más bello hace honor a la grandeza que hay en ti.

Por tanto, y sin miedo, cada día, simplemente, atrévete a ser.

Y así es.

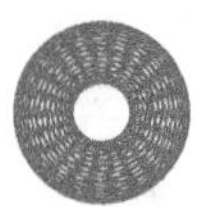

Lo conseguiste, ¿y ahora qué?

Permite que nos riamos contigo; tu parte humana te aprieta una y otra vez, incluso cuando llegas a donde quisiste, antes incluso de comenzar a disfrutarlo y paladearlo, te preguntas: ¿y ahora qué?

Mi querido amigo, la vida son tan solo momentos; no se trata de llegar a alguna parte, se trata de saborear cada instante y encontrar la belleza que hay en él.

No viniste a hacer, a sufrir, a aprender o a recordar; viniste para salir de tu personaje y encontrar tu divinidad.

Busca los zapatos, mi querido, tu alma te está esperando, siempre alegre, siempre regocijándose en el camino que eliges.

Todo es perfecto cuando te pones tus zapatos. Y así es.

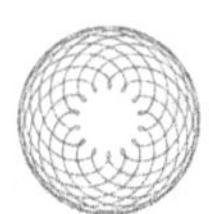

Hay veces que hay que parar

¿Cuántas veces has llevado tu cuerpo al límite fingiendo que no pasaba nada? ¿Cuántas veces quisiste dormir un poco más, comer algo mejor, quizá leer un poco o incluso no hacer nada?

Sí, mi querido, tu cuerpo necesita descanso, te lo lleva pidiendo desde hace mucho y no lo escuchas. Una lección muy importante es la de sentir tu cuerpo como tu fiel vehículo. Tu cuerpo es el que te permite encarnar y, por tanto, el que se ocupa de gran parte del trato.

Tú, como alma vienes a experimentar, y parte del trato son los límites que tendrá tu cuerpo, tus carencias y tus «extras». Sin embargo, te olvidas de cuidarlo y mantenerlo en óptimo estado. No pasa nada, mi gran amigo, forma parte del juego que vengas a experimentar y uno de los matices de la vida es el dolor y la enfermedad.

Pero yo te pido que no te quedes ahí, que no digas esto es así y no puedo hacer nada, te pido que cambies. Siento que tu cuerpo necesita un respiro y, cuando se lo des, verás las cosas desde un punto de vista mejor, más amplio y menos limitado. Crees que puedes con todo, pero de hecho no es así. Crees que no incide que comas de una forma o de otra, que duermas más o menos, que trabajes horas sin parar... pero realmente tu cuerpo está conectado con tus emociones.

Tus emociones marcan, como un rotulador brillante, tus experiencias de vida.

Permítete recomenzar con un cuerpo nuevo, con más energía, con más ilusión.

Permítete descansar cuando lo necesites, date el regalo que tanto te mereces.

Con amor y cariño, Uriel.

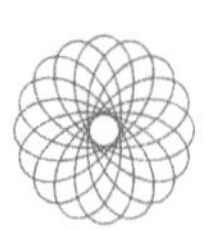

Silencio

Esta palabra encierra un gran regalo, el regalo de la conexión divina, la conexión con tu alma. Por eso yo te digo, mi querido, no busques fuera, en el silencio hallarás todas las respuestas.

Es cierto, al inicio es posible que no sepas qué hacer, pero tienes multitud de opciones a tus pies para comenzar. No es necesario una clase, puedes simplemente comenzar; comenzando es como se consiguen las cosas, como aprendes y te desarrollas.

Esto es una mera ilusión, pues tu ser es mucho más grande que la parte que estás viendo; por ello el silencio te ayudará a recordar y recuperar esos fragmentos de ti mismo tan necesarios para tu felicidad.

¿Y qué es tu felicidad?... Descúbrelo por ti mismo en el silencio, que al final será tu compañero. Lo que al inicio puede que sea un esfuerzo, después será lo mejor que pudiste nunca hacer.

En el silencio también estoy yo. Siempre tuyo, Shakiel.

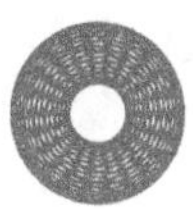

Anota aquí tu proceso evolutivo
Define con pocas palabras tu situación actual

Ahora vamos a definir tu situación futura

1. ¿Cuál es tu objetivo y en cuánto tiempo te propones lograrlo?
2. Anota cuáles son tus cualidades actuales y cuáles las que deseas integrar
3. ¿En qué áreas de tu vida no te sientes cómodo?
4. ¿Cuál crees que es la razón para que entregues tu poder en esas áreas de tu vida?
5. ¿Cuáles son las áreas en las que te sientes seguro y confiado?

Ponte en paz con tus miedos, tus rencores, e inseguridades.

- Cada día elige una de esas sensaciones que te incomodan, cierra los ojos, respira suavemente como un bebé
- Visualízate en esa situación donde sientes que no tienes el poder
- Acepta que permitiste que otro tomara tu lugar y decidiera por ti
- Aunque no te guste verte de ese modo, has identificado lo que no quieres en ti
- Integra la experiencia vivida como enriquecedora pues te ha mostrado claramente lo que quieres cambiar
- Inspira suave y lentamente en tu corazón, y al exhalar dile adiós a esa actitud limitante
- Repítelo hasta que sientas que estás en paz con esa situación y todo lo que te ha enseñado
- Coloca tus manos en tu corazón y siente la paz que acabas de generar
- Siente la alegría creciendo dentro de ti, pues tú mismo, por tus medios, te has superado

- Ahora, mentalmente, solicita a Uriel que guarde ese conocimiento en tu mente y lo convierta en sabiduría del corazón
- A partir de hoy lo recordarás y actuarás de un nuevo modo, más elevado y acorde contigo
- Solicita a Shakiel que te sumerja en su luz violeta para que transmute cualquier negación de tu poder que resida en tu interior

Repite el proceso, con cada emoción de falta de valía que resida en ti.

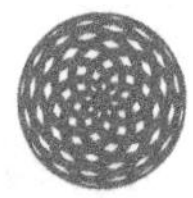

14. REFLEXIONES FINALES

Me siento muy honrada de poder participar en tu camino de evolución. Habito en el mundo al igual que tú y cada día puedo ver las noticias y sentir tristeza por las situaciones de separación y desigualdad que vivimos actualmente. Sin embargo, creo que todos podemos evolucionar hacia algo mejor. Una versión de la Humanidad donde prevalezca el beneficio de todos sobre el de uno mismo.

El mero hecho de trabajar juntos y dar disponibilidad plena a cada nuevo conocimiento y descubrimiento generaría una paz y una igualdad mundiales desconocidas en nuestro recuerdo.

Soy consciente de que cada cultura es diferente y creo que justamente son las diferencias las que pueden aportar la diversidad que se necesita para evolucionar.

No es necesario que todos seamos iguales para que seamos buenas personas. Las ideas en política nos separan, o eso dicen, porque yo creo que lo que nos separa es el hecho de no querer escuchar.

He visto demasiados egos destruyendo bellas ideas, y también personas que han demostrado al mundo entero que es posible comportarse de un modo diferente, noble y sin búsqueda de protagonismo.

Si cada persona en este mundo se dedica a desarrollarse, a conocerse y a buscar su felicidad, siento que no habrá tiempo ni ganas para dedicarse a estropear la Humanidad.

Respeto e integridad pueden crear una nueva sociedad. Ahora te toca a ti decidir por ti mismo que es lo que quieres crear en tu vida. Serás tú el que ponga los límites a tus sueños o serás aquel que decide saltarse las normas y aceptar sus deseos, nada está escrito aún.

Espero que este libro te haya brindado un punto de vista diferente y que te recuerde que tienes el poder y la capacidad de cambiar tu vida. Si te ha inspirado a encontrar tu felicidad a través de todas aquellas capacidades latentes que escondes en tu interior, entonces mi trabajo ya está hecho.

Desde hace unos años yo también me decidí. Me he dedicado de lleno a la canalización de mensajes de ayuda y crecimiento del ser humano. Uriel y Shakiel me han acompañado en este proceso de descubrimiento y fueron las primeras conciencias que canalicé.

Han sido pacientes instructores, acompañantes inseparables, y me han brindado su apoyo incondicional incluso en los momentos de rebeldía y duda. Estoy segura de que te ayudarán a ti también.

Gracias por acompañar mi caminar.
Cristina Acebrón Guirau

Se licenció en Humanidades por la Universidad Carlos III. En el 2004 el Reiki Usui Tradicional constituyó el inicio de un gran cambio en su vida. Creó su propio centro de terapias, donde aprendió y enseñó multitud de técnicas y métodos de sanación.

Su interés la llevó a aprender diversas modalidades de sanación como Reflexología Podal, Aromaterapia, Flores de Bach, Magnetoterapia, Nutrición, y Sanación por Arquetipos y Registros Akáshicos.

Desde el 2016 se dedica en exclusiva al trabajo con sus Guías Espirituales y al desarrollo y difusión de las nuevas herramientas que estos le brindaron y que ofrece desde su web www.pasandoarena.com. También gestiona un blog de autoayuda en www.cristinaacebronguirau.com. Escribe mensualmente en la página web *La Hermandad Blanca*, donde colabora gratuitamente compartiendo sus canalizaciones.

Compagina esta actividad con la de escritora para difundir y compartir toda la sabiduría recibida. Otros libros suyos son: *Crónicas de lo Invisible, estado mental el agente secreto; Abundancia 2.0, Aprenda a manifestar* y *Hablemos sobre Reiki.*

KOLIMA
BOOKS

9 788416 994427